La Véritable Histoire de l'Opérette Marseillaise

1932-1946

Remerciements

L'auteur tient à remercier chaleureusement M. Jean-Jacques Chazalet pour sa préface, MM. Maurice Barrier, André Bernard, Pierre Echinard et Adrien Eche et tous ceux qui ont permis que s'écrive cette épopée.

Toutes les photos de cet ouvrage
font partie de la collection personnelle de l'auteur,
excepté les deux portraits d'Alibert aimablement
prêtés par M. Adrien Eche.

Georges Crescenzo

La Véritable Histoire de l'Opérette Marseillaise 1932-1946

Temps Mémoire

AuTres Temps

À tonton Galinette,
à Fred,
à Régine.

Les choses provinciales qui se meurent,
fixons-les dans la langue qui doit leur survivre.

Jean Aicard

1er acte

Préface

Un ouvrage à la gloire de l'opérette marseillaise ! Voilà qui pourrait *a priori* apparaître saugrenu, n'était le regain d'intérêt constaté ces dernières années en faveur du théâtre musical de divertissement, qu'il s'agisse de la comédie musicale d'importation anglo-saxonne, des tentatives de re-création du genre, initiées par les compositions de Louis Dunoyer de Segonzac, des différents « supports » utilisés (n'est-on pas allé jusqu'à représenter de fort belle façon, un *Robin des bois* sur glace ?) ou tout simplement des représentations d'ouvrages du répertoire traditionnel données aux six coins de l'Hexagone.

Tout permet d'espérer, sinon une renaissance du genre cher à nos aînés, tout au moins une reconnaissance d'un mode d'expression musicale qui répondait si bien à cette habitude éminemment française qui voulait que tout finisse par des chansons. Et c'est justement de cette habitude qu'est née, dès la fin du XVIIe siècle, la coutume de faire s'achever les comédies par des couplets chantés donnant naissance au vaudeville dont l'aboutissement devait avoir lieu au XIXe siècle, sous la forme dite de l'opérette classique.

Mais, me direz-vous, l'opérette marseillaise a-t-elle encore sa place dans ce paysage ?

Marseillais de naissance (et fier de l'être), je ne peux, en toute partialité, que répondre par l'affirmative en devinant çà et là les haussements d'épaules qu'une réponse aussi péremptoire ne peut que susciter.

Et pourtant !

Évoquer l'opérette marseillaise, c'est avant toute chose, prononcer le nom de l'homme aux 4 000 chansons : Vincent Scotto qui, de tous les compositeurs de l'histoire de la musique de notre pays, est probablement le seul qui ait été obligatoirement chanté, fredonné, susurré voire tout simplement sifflоté au moins une fois dans sa vie par chacun d'entre nous. Personne ne peut nier connaître au minimum une chanson ou une mélodie du génial Napolitain.

Vincent Scotto a donné au refrain populaire ses lettres de noblesse.

Mais il n'y a pas de mélodies durables dans la mémoire collective sans que les paroles qui les habillent n'en soient le « déclencheur » dans l'âme populaire.

Et c'est sous cet aspect que m'apparaît tout l'intérêt documentaire de l'ouvrage de Georges Crescenzo, non seulement observateur de cette époque où le music-hall était roi à Marseille, mais surtout parce qu'étant le propre neveu de René Sarvil, il s'emploie avec talent à rendre à César ce qui lui appartient. Ainsi, l'éclairage apporté sur la contribution artistique de cet homme touche-à-tout (et avec quel bonheur), que ce soit en tant qu'artiste, chanteur, librettiste, parolier, scénariste et j'en passe, rend justice à l'un des fils de la Méditerranée parmi les plus talentueux qu'elle ait conduits sur les rivages de Marseille pour participer à la pérennisation de sa légende.

M. Jean-Jacques Chazalet,
directeur du théâtre de l'Odéon à Marseille.

Prologue

1931 ! C'est à Paris l'ouverture de l'Exposition coloniale internationale. Prévue depuis 1928, elle a permis l'élargissement des regards sur d'autres cultures, d'autres sensibilités. L'exotisme est à la mode.

C'est peut-être ce qu'a pressenti Marcel Pagnol en y présentant son théâtre ethnique méridional.

C'est ce qu'a compris Henri Alibert en transportant à la capitale la tradition du spectacle méditerranéen.

Cela aura au moins servi à ce que l'on ne considère plus la création musicale marseillaise avec une condescendance toute postcoloniale comme avait été perçue la *Revue nègre* de 1925[1].

En matière d'art, il y a peu de représentations qui étonnèrent la capitale. Paris possède en ce domaine le monopole des créations, des succès.

Aujourd'hui totalement oublié, il y eut pourtant un phénomène sans précédent qui se produisit en 1932, tant par son ampleur, son impact, que ses implications artistiques. C'est l'arrivée à Montmartre de la *Revue marseillaise*, fleuron et synthèse de tout ce qui s'était fait en la matière dans les spectacles de divertissements à Marseille.

Le succès fut retentissant.

Pendant six mois, la troupe joua à guichets fermés. La crise touchait alors les théâtres qui commençaient à être

1. Claude Barzotti, *Le music-hall marseillais de 1815 à 1950*, Merclum éditeur, Arles, 1984.

concurrencés par le cinéma parlant. Ce non-événement méridional relança l'activité et permit l'éclosion d'un nouveau genre : l'opérette marseillaise.

L'aventure dura près de vingt années, dont six de triomphe permanent, mais la guerre de 1939-1945 mit fin à cette glorieuse épopée créatrice.

Les acteurs et les auteurs de ce type de spectacle, unanimement reconnus par la critique et par leurs pairs, étaient issus du music-hall. Celui-ci, à l'époque, animait régulièrement la Canebière et son quadrilatère de théâtres et de cabarets, du cours Belsunce au cours Saint-Louis, du Chapitre au Vieux-Port.

Ils ont laissé un corpus de chansons synonyme de joie de vivre qu'aujourd'hui encore chantent tous les enfants des écoles. Ils avaient nom Scotto–Sarvil–Alibert.

Ils étaient « Trois de la Canebière ».

Intertableau

Les racines de l'identité culturelle

Genèse et héritage des opérettes marseillaises

La culture provençale, et ensuite marseillaise, va être le support traditionnel dans lequel les auteurs du théâtre musical chanté marseillais iront puiser leur inspiration.

Déjà, à la cour de Louis XIV, Mme de Sévigné avait introduit la provençalité.

Cette musique d'essence populaire n'était pas savante, mais elle était forte d'inventivité et de vivacité autour du duo instrumental galoubet/tambourin. Cela renvoyait à une gaieté qui ensoleillait les fastes pompeux d'une époque insouciante. L'influence italienne dans les pièces du folklore provençal est alors très sensible. Dans le milieu parisien – celui qui fait la mode (déjà) –, notre culture jouit alors d'une écoute bienveillante, d'autant que le maréchal de Villars devient gouverneur de Provence, et qu'il va créer l'Académie littéraire et artistique de Marseille en 1719[2].

La musique étant depuis toujours affaire de classe, c'est elle qui décide du bon goût et de la qualité des œuvres. Malgré la persistance d'airs provençaux dans le répertoire lyrique jusqu'à la fin du XIXe siècle (*Gillette de Narbonne*, *Les Dragons de Villars*, *Lili*), le genre et la langue du folklore vont se paupériser et se réfugier auprès des classes populaires. De surcroît à ce moment-là, la formation d'orchestre à vents va remplacer les ensembles à cordes par trop aristocratiques et peu mobiles ; nous retrouverons deux siècles plus tard ce mécanisme, qui sera une des raisons du succès des opérettes et du « jass » marseillais.

---

2. Il dirigea les dragonnades avec son régiment de dragon dit de Villars qui inspira l'opérette de Maillart, Lockroy et Cormon.

Ainsi, en cette cour sensible aux Italiens de la commedia dell'arte, les couleurs de la Provence littorale sont bien perçues. Assez bien pour qu'en 1735, un Avignonnais du nom de Mourret présente une saynète dansée et chantée en provençal intitulée *La Provençale,* qui raconte les amours d'un noble pêcheur et d'une gente paysanne près d'un rivage portuaire, qui ressemble fort à ceux de chez nous.

C'est dire si le comtat Venaissin est déjà partie prenante de l'histoire musicale de la Provence.

Parce que sans lien direct et fort éloignée, nous n'irons pas jusqu'à dire que c'était déjà une opérette marseillaise, mais nous en acceptons aisément la filiation.

En ce qui concerne la chanson, c'est vers la langue provençale littorale, ancêtre du parler marseillais, qu'il nous faudra chercher les influences. Plus précisément auprès du chansonnier Victor Gélu, chroniqueur, chantre du prolétariat maritime, leader d'un groupe d'expression occitane, dont Étienne Bibal (*Le Cabanon*) et Marius Revertegat sont membres et qui s'exercent déjà à cette vieille tradition provençale de la poésie et de la critique sociale chantée sur des airs connus, qui va des cercles d'intellectuels aux tréteaux des théâtres ouvriers. Nous n'oublierons pas, au début du XXe siècle, les précurseurs des spectacles marseillais à venir dans les personnes de Foucard, Georges Villard et autres Fortuné aîné et cadet, Blanche et Henri Poupon ou César Labitte et Mas Andrés, et tous ceux oubliés qui ont participé à la constitution de cette expression. Nous retrouverons dans les opérettes marseillaises tous ces archétypes de comédie qu'ils avaient déjà exploités, des personnages « imaginaires » mais ô combien réel ! Enfin, dans la littérature provençale, particulièrement celle de Bénédit, ces *nervis* sympathiques qui fascineront toujours les bourgeois depuis peu installés aux commandes d'une néosociété industrielle, et toujours prêts à s'encanailler. Ces voyous de théâtre trouveront tout bonnement leurs places dans les constructions des scénarios des opérettes marseillaises, ils remplaceront les brigands des opérettes lyriques du siècle précédent.

Provencau vinci la coupo

De la volonté farouche de sauvegarder l'identité culturelle méridionale, et la langue provençale, naquit le félibrige de Frédéric Mistral (1854).

Le rêve fédéraliste et la rencontre avec *la Atlantida*[3] catalane de Jacinto Verdaguer, nous engagent vers une exaltation de la latinité, nous permettant ainsi de recevoir la *Coupo Santo* de nos frères catalans.

Devant la nécessité de résister au centralisme républicain postrévolutionnaire, va se constituer un fort courant politique dont l'idéologie chante la supériorité de la race et prône le rapprochement des peuples du Midi et de la Méditerranée. L'idée faisant long feu, les armes d'alors pour la défendre seront la plume d'oie des Roumanille et des Aubanel ou la voix gutturale d'un Victor Gélu.

En contrepoint de l'utopique république du Soleil et de ses mistraliennes îles d'Or (1876), va se constituer autour de Marseille, un temps « capitale » de l'empire du Soleil, une mythologie propre à résister à l'oppression culturelle de la République (la vraie) qui lancera ses légions de hussards noirs pour atténuer les velléités d'indépendance de ses provinciaux récalcitrants.

Ces trublions vont non sans mal rentrer dans le moule, mais l'identité culturelle et la langue effacée, c'est la « race » qui disparaît ; la bourgeoisie de pouvoir, d'administration,

3. *La Atlandida*, poèmes de Mossen Jacinto Verdaguer, Barcelone, 1877, dédicacé à Frédéric Mistral.

adopte la langue et les nouvelles mœurs du dominant, le français, mais l'on parle encore provençal dans les couches populaires et paysannes. Propagande aidant, une résistance culturelle va se mettre en place, le théâtre et la chanson ne seront pas les moindres des vecteurs de ce renouveau. Aux Français, aux « francimands », aux « franciots » qui apportent avec la langue sa littérature romantique qui fait chic, l'on oppose le rêve modeste et fou d'une contestation sociale qui passe par une contre-culture sudiste.

Sur le littoral de la Provence maritime vont éclore un esprit et une langue hybride, reconnus par Mistral lui-même, le parler marseillais. Reliquat de la culture des pauvres, l'on y retrouvera, mélangé aux nouveaux idiomes migratoires, les débris de la langue défunte, de la *langue nostre*. Des provençalismes vont naître, voire des barbarismes, la syntaxe provençale sera souvent conservée, laissant se développer des malentendus d'illettrisme qui n'était en réalité qu'une forme de nostalgie et de résistance à l'acculturation, qui va produire cette façon si particulière de s'exprimer.

Mais cette idéologie du Soleil et de la « supériorité de la race provençale[4] » va hélas passer par une survalorisation du soi qui va donner aux Méridionaux une assurance et une absence de modestie dommageables pour leur image à venir.

De surcroît, le très mondain Alphonse Daudet (le fils de son père, Léon Daudet, chantre de l'extrême droite nationaliste), avait déjà imaginé et créé un truculent, mais caricatural sinon malveillant Tartarin... de Tarascon il est vrai !

Ce mythe destructeur constitué, il sera difficile d'échapper à l'image du Méridional hâbleur, affabulateur. On dit que l'on ne prête qu'aux riches, et depuis que le néo-Marseillais Pythéas[5] a raconté un pays où le soleil ne se couchait jamais, les Phocéens sont considérés comme des menteurs. Sur fond de « tartarinade », les opérettes marseillaises, mais avant elles la « pagnolade » et autres « marseillaiseries », s'ajusteront à la demande de cette image

4. *Raço rageco*, « La race tient de la race. »

5. Voir *Pythéas le Grec,* de Barry Cunliffe, Autrement éditeur, traduction 2003.

exotique. Ce qui était une expression du second degré, puisque de l'ordre du comique et de la parodie, va être considéré par la bourgeoisie bien-pensante comme une réalité sociologique inquiétante, vulgaire et grotesque. Installée pourtant par le futur académicien, il ne sera pas pardonné aux opérettes marseillaises d'avoir entretenu cette réputation.

Si l'on ne prête qu'aux riches, en la circonstance, on a donné largement et sans compter aux « pauvres » du populaire.

D'Offenbach à Vincent Scotto

Bien que d'essence originale et de qualité, l'opérette lyrique est considérée elle-même et à tort comme un sous-produit de l'opéra classique. Afin de s'ajuster au goût évolutif des sociétés, le Grand Théâtre s'est subdivisé en divers genres. Sous l'influence des Italiens, c'est la naissance de l'opéra-comique, plus léger et surtout plus accessible au grand public. Le théâtre d'auteur migra lui aussi sur les boulevards où un nouvel art de vivre lui fit rencontrer les cafés chantants, le cirque, le café-concert, puis le music-hall. Il était normal que les courants littéraires et musicaux se rencontrent.

Avant d'arriver à sa forme contemporaine, l'opérette dut subir de multiples modifications structurelles ; toujours articulée sur des transformations sociologiques annoncées par des événements révélateurs. L'Exposition universelle de 1855 à Paris sert de vitrine à la nouvelle bourgeoisie industrielle qui s'exhibe. Le second Empire va vivre le succès économique de ses nouveaux riches, et avec eux le faste et la pompe des opérettes à grand spectacle. Mais le public populaire ne s'y reconnaîtra pas forcément ; son oreille se porte plus volontiers vers le théâtre italien, sa gaieté, son rythme et son esprit, ce qui ne l'empêche pas quelquefois d'adopter un comportement vulgaire et de mauvais goût qui n'est pas l'apanage des seules « ethnies » méditerranéennes.

Les « enfants du paradis » parisiens sont aussi mal éduqués que ceux des « poulaillers » méridionaux ; mais c'est ceux de l'Alcazar à Marseille que l'on fustige.

Il est vrai que la naissance du récent théâtre musical ne date que de 1851. La révolution principale de l'opéra à l'opérette consiste à raccourcir et à donner du rythme à l'argument. Des trois actes et plus à une musique échevelée en un acte, le public a choisi. Cette accélération de l'histoire qui vit la chute et la constitution de fortunes faciles, l'évolution des mœurs, la non moins rapide ascension sociale liée à la précarité de la vie, firent que l'on eût besoin de consommer rapidement : le genre s'y conformera.

La satire sociale devint le moteur de l'expression, et les premières réticences évacuées devant ce cynisme crûment exposé, c'est le regard critique du second degré qui va s'affirmer et le genre comique s'exprimer. Ce qui prévalait pour les bourgeois du XIXe siècle s'appliquera au public populaire marseillais des années trente qui ne s'y est pas trompé, il a adoré, quand bien même il a pu penser que ce n'était pas de lui dont on se moquait. Il n'y avait que les esprits chagrins que cela ne faisait pas rire... Peut-être parce qu'ils savaient qu'ils méritaient ces sarcasmes.

Offenbach n'a pas été l'inventeur du genre, mais c'est lui qui lui donnera sa notoriété.

Dans ce siècle de musique, de lambris aurifiés, de paillettes et de strass, ce sont les musiciens qui tiennent la baguette. Mais les librettistes vont structurer leurs œuvres et faire le lien avec l'auditoire éclectique qui demande maintenant à comprendre l'action et suivre le texte avec intérêt. La musique ne venant alors que subsidiairement relever, figurer, illustrer une situation scénique. Meilhac et Halévy furent les prototypes de ces véritables auteurs d'opérettes[6].

Le concept de l'opérette devenu entre-temps classique, requiert un certain nombre de qualités spécifiques que ne possèdent pas forcément les auteurs d'ouvrages dits sérieux. C'est le cas de Reynaldo Hahn, entre autres, au demeurant excellent compositeur classique et qui écrivit de fort délicates musiques... que le public ne retint pas. Il en est de même pour les librettistes ou les auteurs de chan-

---

6. *Histoire de l'opérette en France* de Florian Bruyas, aux Arts Eds, Lyon, 1974.

sons (lyrics) ; quelques pointures littéraires s'y sont essayé sans succès : Chateaubriand, Lamartine, Hugo, Fabre d'Églantine, Alphonse Daudet, les félibres et les *trobaïres* aussi sans trop de succès populaire, hormis pour la *Coupo Santo* et *Magali* de Mistral.

N'est pas « porte-parole » qui veut, l'alchimie musique-texte et les accordailles de mots restent un mystère dont la recette n'est ni connue, ni transmissible.

L'invention mélodique est la première des vertus d'une partition musicale, et Vincent Scotto l'avait au plus haut point. Quoi que l'on ait pu dire sur le caractère de musique facile et légère de ses compositions, c'est une valeur que bon nombre de partitions « sérieuses » ne possèdent pas.

De la même façon, le rythme et la structure des livrets sont également primordiaux dans cette forme d'exercice. Sarvil a élaboré tout son théâtre comique marseillais sur une construction échevelée en deux actes à rebondissements qui tenait à la fois du théâtre de boulevard, de la bouffonnerie à l'italienne, du cirque et du castelet de Guignol. Il aimait illustrer le sujet par ces métaphores picaresques : « Je suis un sceau d'eau, rien n'arrête un sceau d'eau. » ; « Un pet sur une toile cirée ! » Les livrets soutenus par un accent chantant s'accordant à merveille avec la musicalité des compositions méditerranéennes de Vincent Scotto, voilà ce qui permet de classer cet ensemble sous le label d'opérettes marseillaises[7]. Puissent-elles être enfin reconnues comme faisant partie intégrante de la grande famille de l'opérette tout court.

Le théâtre, forme d'expression sociologique, n'est que le reflet d'une époque et de la société qu'il représente, il en est l'émanation. Offenbach et la vie parisienne le furent du second Empire ; toutes proportions gardées, Scotto le fut des « galéjades marseillaises ». Le premier, sous forme de critique sociale, décrivait une néobourgeoisie d'affaires, des nouveaux riches ; le second illustra de sa musique, en forme d'exorcisme et de dérision, un prolétariat portuaire, des

7. *L'opérette* de Jacques Rouchouse, Que sais-je, PUF, 1999.

anciens pauvres. Ainsi, sous la houlette de nos trois de la Canebière, le théâtre des Variétés, qui fut le temple de la gaieté parisienne, devint celui de la joie de vivre marseillaise.

Des fastes du second Empire à l'opérette féerique viennoise à grand spectacle, jusqu'à la société appauvrie de l'entre-deux-guerres qui produit des représentations à peu de frais, il y a évidemment une distorsion. Pas forcément là où on l'attendrait, sur le terrain du succès et de la qualité artistique.

Il y eut depuis le XIXe siècle des milliers d'opérettes qui virent le jour, qui furent portées à l'affiche des théâtres français sinon parisiens. Seules en reste actuellement, inscrites au répertoire, quelques dizaines qui sont inlassablement reconduites chaque année.

Que l'on ne se souvienne aujourd'hui que d'une seule[8] sur les sept qu'ont créées nos trois de la Canebière, jouée encore chaque mois dans l'Hexagone et au-delà, ne peut que nous imposer le respect et nous inviter à plus de mansuétude envers cette expression que l'on qualifie non sans ironie, de populaire.

---

8. *Un de la Canebière*.

Trois de la Canebière

Comme le dit la chanson *Viens Poupoule !* :

> *Le samedi soir après le turbin*
> *L'ouvrier parisien*
> *Dit à sa femme après le dessert*
> *J'te paye le café-concert !*

C'est ce que chante le grand Félix Mayol, idole et maître incontesté du café-concert.

Le bourgeois et le « trottin[9] » aiment s'encanailler… C'est beaucoup dire, ils veulent s'amuser, vivre tout simplement. Le café-concert est un genre tout à fait estimable sauf qu'il mélange les styles et les gens. Il va de la chanson dramatique au genre « idiot et dégénéré » de la chanson grivoise aux blagues salaces qui ne feraient plus rire personne aujourd'hui, mais c'était l'esprit du moment, toutes classes confondues.

Mayol est un personnage incontournable pour le public, la mode, les mœurs et tout artiste de ce temps lui est quelque part redevable.

Nos trois de la Canebière n'y échapperont pas.

Ainsi, Vincent Scotto composera avec Mayol en 1913 la chanson *La fille à la fatma*. Ils se connaissent donc bien.

Henri Alibert débute comme professionnel à Paris en 1908. Toupet au vent, il imite Mayol avec les chansons de son répertoire.

---

9. Au XIXe siècle, se disait pour les employées de maison et les midinettes.

La vocation du jeune René Crescenzo se révélera à Toulon en 1906, lors du récital du grand blond à la houppe, qui interprète *Les mains de femmes*. Plus tard, il composera avec lui la chanson monologue *Nous devons être heureux*, chez Allard éditeur.

En 1924, au clos Mayol, Sarvil écrira pour Félix la revue estivale avec une parodie de *La Dame aux camélias* mettant en scène Raimu et Tramel.

Vincent, René et Henri nous sont connus sous leur nom d'artiste, Scotto–Sarvil–Alibert. Le compositeur, l'auteur, l'interprète, indissociables dans leurs futurs succès, sont donc bien des hommes de café-concert et de music-hall.

Disons-le tout net, les opérettes marseillaises doivent d'être passées à la postérité grâce au génie musical inventif de Vincent Scotto, cet Offenbach de la chanson. Sans sa formidable musique, rien n'aurait sans doute subsisté à ce niveau de mémoire. Cela dit, il serait tout à fait injuste de ne pas associer à cette créativité ceux qui lui donneront consistance, ceux qui permirent à sa musique de vivre, le librettiste parolier et l'interprète.

S'il est vrai qu'une combinaison de notes harmonieuses, agréables, va facilement se poser au creux d'une oreille, elle n'en est pas moins aussi fugace et volatile qu'un parfum, fût-il inoubliable. Pour qu'une chanson existe vraiment, il faut que des paroles appropriées puissent l'identifier, l'imprimer définitivement dans les esprits. La musique et les paroles des *Feuilles mortes* de Josef Kosma et de Jacques Prévert sont indissociables. *Le plus beau tango du monde* aurait-il été le succès éternel que l'on connaît sans les paroles que Sarvil a écrites et qu'Alibert a matérialisées en rêve chanté.

C'est donc cette exceptionnelle rencontre de trois personnalités du music-hall marseillais, cette conjonction culturelle de trois trajectoires provençales qui porteront les opérettes marseillaises sur les fonts baptismaux.

Si l'on en croit les multiples rapporteurs de chroniques théâtrales, c'est Vincent Scotto qui créa ce style musical, et son gendre Henri Alibert qui écrivit les livrets et les lança sur la capitale ; il n'est pas toujours fait état de René Sarvil, auteur des lyrics, jamais comme auteur des livrets, pourtant véritable détenteur du droit moral de la création du genre. Ainsi, selon ces divers écrits, tantôt l'un, tantôt l'autre se trouve honoré comme initiateur du phénomène. Du genre marseillais de l'opérette, puisque Marseille est la seule ville de France à avoir donné son nom à une spécificité artistique, comme les articles de Paris, le théâtre lyonnais de Guignol ou les jardins à la française.

Pour être labellisé, ce style doit obéir à une construction qui va devenir traditionnelle, et dont les éléments constitutifs recouvrent certains critères spécifiques.

C'est tout d'abord un théâtre musical comique sur fond de galéjade, plein de situations alambiquées qui trouvent leurs résolutions de façon inattendue, dont la *vis comica* est basée sur le quiproquo, comme dans le théâtre de boulevard du XIXe siècle. Mais nous sommes dans une narration contemporaine, de fait le livret, les dialogues du scénario, les récitatifs occupent pratiquement tout l'espace de l'expression par rapport aux lyrics des chansons et à leur musique. En filigrane, c'est la chronique et l'histoire du prolétariat maritime phocéen des années trente. Si la charge est volontairement caricaturale, les situations et les personnages n'en sont pas moins proches d'une réalité sociologique. L'unité de lieu est la Provence littorale : Marseille, Toulon, Martigues, Nice. (Nous observerons que jamais l'action ne se déroule dans le Vaucluse, pourtant berceau de celui qui était censé avoir écrit les livrets.) Les acteurs doivent être obligatoirement du cru, si ce n'est pas le cas, l'accent marseillais est exigé comme condition supplétive indispensable. Seules les femmes, pendant les parties chantées, en sont dispensées. Le chanteur vedette doit s'inscrire dans un archétype de jeune premier marseillais malin, casquette de toile blanche sur l'oreille, désinvolture en bandoulière, mais jamais vulgaire ni immoral. Les seconds rôles attribués aux comiques un peu naïfs[10], un peu simples, mais

10. Né de l'affrontement du citadin malin au paysan candide dans la société nouvelle du XIXe siècle.

toujours disponibles pour le jeune premier, sont des valets d'épées, des Leporello de Don Juan du Midi. La plupart du temps, ils étaient positionnés dans le scénario comme étant le centre de l'action scénique. La syntaxe volontairement régionaliste s'appuie sur un texte truffé de provençalisme et d'ethnicisme du style : « J'ai d'asperge, je me suis tombé » quand ce n'est pas pour faire court : « J'ai tombé », raccourci grammatical provoqué par la confusion des deux langues. Quelquefois, l'on trouvera des phrases complètes et des expressions en pur provençal. Ce parler marseillais, volontairement brocardé par l'auteur[11], était une forme d'expression argotique encore en usage auprès du public et dans certaines couches de la société susdécrite. Enfin, une musique fraîche et joyeuse à l'italienne qui s'articule sur la construction de la pièce ; elle est écrite exclusivement sur et pour celle-ci, non pas le contraire, comme c'était le cas pour les œuvres du répertoire lyrique de l'origine.

Les Rois mages de l'opérette marseillaise

Vincent Scotto (1874-1952) :

Né à Marseille d'un père ébéniste d'origine napolitaine qui résidait alors près du bassin du carénage.

Sa prophétique adresse parisienne, Passage de l'industrie, où se trouvent sa maison d'édition et son cours musical, le mettra en contact avec bon nombre de paroliers et de compositeurs (dont Sarvil). Cela peut raisonnablement laisser penser qu'il a eu tout le loisir d'habiller, d'arranger les nombreuses chansons qui lui étaient présentées. Cela n'altère en rien son catalogue d'œuvres répertoriées à la SACEM qui témoigne de sa frénésie créatrice. Les 4 000 chansons annoncées sur cinquante années de compositions sont d'une exceptionnelle prodigalité, constituées à partir d'une force de travail peu commune pouvant aller jusqu'à huit heures par jour.

11. Issu de la petite-bourgeoisie marseillaise.

Nous connaissons peu de chose de sa vie. Jacques Bonnadier a précisément recensé les éléments connus de sa biographie dans le n° 145 de la revue *Marseille* : « 100 ans de chansons à Marseille. » Guitariste napolitain de noces et de banquets tel qu'il se définissait lui-même modestement, il compose très jeune une pastorale aujourd'hui perdue, et dans laquelle il s'était vu attribuer le prémonitoire rôle de Pistachier.

À Marseille, un pistachier est une fine gâchette de l'amour, un « embrouilleur » toujours « à l'agachon sur un bon coup ». Une rare complicité avec son beau-fils Henri Alibert les unit sur « le sujet » tout au long de leur périple artistique, dans une époque de liberté sexuelle frénétique.

Pour ce roi des pistachiers, si le talent fut immense, sa taille l'était beaucoup moins. L'aurions-nous rencontré qu'on aurait eu le sentiment qu'il était invariablement loin. Cette particularité physique n'altérant en rien son charme et sa séduction, il mena une vie de don Juan noctambule de cabaret. Ce dilettante contrarié est un personnage incontournable des années vingt. Cette apparente oisiveté – car il était capable de composer sur sa guitare jusqu'à cinq chansons par jour (*dixit* Sarvil) –, fait qu'il laissera peu de traces de son passage ; selon Jean Herbert, son exécuteur testamentaire, le régisseur des tournées Alibert, il jouait dans le trio le rôle de la mouche du coche, « foutait la m... et disparaissait ».

Malgré les multiples coupures de presse concernant la *Revue marseillaise*, nous ne savons pas s'il était dans la salle au soir de la première. Pourtant, éminence grise de l'entreprise Alibert, son nom n'est jamais évoqué dans les nombreux courriers échangés entre son gendre et Sarvil.

Seul ce dernier a gardé des traces sur leur façon de travailler évoquée dans ses mémoires[12] au chapitre consacré à celui qui restera son librettiste et son parolier exclusif pour les opérettes marseillaises.

---

12. Jamais éditées. Sarvil avait terminé ses mémoires en 1974, mais il est décédé en 1975 et n'a pas eu le temps de s'occuper de les faire paraître.

Sans toi ou sans lui, c'est la question qu'il se pose à propos de leur rencontre. Celle-ci était sans doute déjà inscrite dans l'histoire puisque René, lors de son arrivée à Paris en 1923, se vit mettre à disposition par l'éditeur Digoudé-Diodet un local au sein duquel il pouvait composer à loisir. Place qui avait été occupée quelque vingt ans plus tôt par un petit Marseillais à moustaches du nom de Vincent Scotto.

« Vincent Scotto était l'homme que je voulais absolument rencontrer, dit Sarvil. Dès le lendemain à neuf heures, je suis allé le trouver. Il me reçut avec beaucoup de gentillesse et me demanda ce que j'attendais de lui.

"Faire une chanson avec vous, monsieur Scotto.

– Vous avez une idée ?

– Je crois, monsieur Scotto."

Il prit sa guitare en me disant :

"Eh bien, allons-y !"

Sans plus attendre, nous nous sommes mis au travail. Une heure après, la musique de notre première chanson était composée. Il ne me restait plus qu'à écrire les paroles des couplets et terminer le refrain car j'avais donné à Scotto les trois premiers vers du refrain :

Sans toi
Je vivais autrefois
Le cœur et l'âme libres...

Nous appelons cela en terme de métier, un départ. Le soir même, je lui apportais notre chanson. Cora Madou la créa chez Fischer[13], accompagnée à la guitare par Vincent Scotto lui-même. (Ce fut un immense succès repris en 1938 par Lucienne Delile.)

Avec le recul, je pense que ce n'est pas *Sans toi* que j'aurais dû écrire, mais *Sans lui*. Oui, sans lui aurais-je fait la même carrière ? »

Nous n'allons pas nous en plaindre, ils vont composer de la même façon les 51 chansons que comprend le répertoire

13. Célèbre cabaret parisien des années vingt.

des opérettes marseillaises. Vingt ans d'une fructueuse collaboration (1932-1952) que nous allons évoquer[14].

Dernier pied de nez de la galéjade marseillaise, le 13 décembre 1965, place aux Huiles, René retrouve Vincent, pourtant décédé en 1952 ; un ultime hommage posthume lui est rendu par Gaston Defferre qui préside la cérémonie d'installation d'un buste en souvenir de ce grand compositeur qui honora la ville. Devant un parterre de joyeux compères, ses complices du music-hall, pour une fois la mine défaite. Marcel Pagnol rappelle en forme d'épitaphe avec des accents à la Bossuet « qu'il n'a jamais fait de mal à personne si ce n'est le jour de sa mort. »

Vincent, enfin plus grand mort que vivant, a encore trouvé le moyen, malgré lui, de nous amuser… Le buste dévoilé n'était pas ressemblant ! À la limite du comique et digne d'un sketch de la *Revue marseillaise*[15] dont l'« académicien » était le récipiendaire quelque trente années plus tôt. Une facétie que n'aurait pas reniée son cher Henri qui devait pouffer dans leur mausolée de pierre de Cassis du cimetière Saint-Pierre. Cette effigie de bronze, triste et tellement peu conforme à l'image que l'on était en droit d'attendre de celui qui devait remplacer la statue de Victor Gélu dans le cœur et aux yeux des Marseillais, fut déplacée pour un espace moins accessible, et ne reçoit plus aujourd'hui que la patine régulière des gaz d'échappement, et l'hommage journalier certes, mais irrespectueux, des pigeons phocéens.

Henri Alibert (1889-1951)

Né à Loriol de Comtat, déclaré à Carpentras (Vaucluse), il est le fils du boulanger.

Beau-fils de Vincent, mais au-delà, resta très lié à ce dernier tout au long de l'épopée que dura leur vie de patachons.

---

14. Dont la dernière de V. Scotto en 1952, *Marseille mon pays* écrite pour Tino Rossi. Deuxième version du film *Au pays du soleil*, de Maurice de Canonge.

15. Inauguration parodique du buste de Pagnol, futur académicien, que tous les protagonistes ne pouvaient avoir oublié, voir p. 27.

Sa verve méridionale est légendaire. Toujours prêt à monter des « coups », des galéjades. Grand amateur de blagues, paroliers de quelques textes qu'il signe du pseudonyme Philippe Loriol, il commettra avec Sarvil plusieurs chansons en dehors du corpus des opérettes dont *Tu leur raconteras* (1936), dans laquelle il intercale deux blagues à la façon des comiques marseillais du début du music-hall. Cela éclaire le personnage sous son aspect truculent.

Pourtant, il débuta sa carrière dans le genre sérieux. Dès 14 ans, il jouera lui aussi dans la pastorale le rôle de l'ange Bouffareù.

Bien que son répertoire phonographique compte de nombreux titres provençaux, c'est en chanteur sans accent et toupet à la Mayol qu'il va se lancer. Il parle le provençal, le chante à l'occasion. C'est un Méridional de l'intérieur, ce qui ne l'empêchera point de développer un fort sens du spectacle et de la dérision[16]. Charmeur, séducteur, c'est lui le véritable prince de l'opérette. Travailleur infatigable, meneur d'hommes (et de femmes), c'est une « bête de scène », un homme de revues. Bien qu'empreinte d'une grande musicalité, quelquefois de *swing* (mais le genre ne le requiert pas), la tessiture de sa voix qu'il ne pousse jamais bien haut, le limite dans une carrière de chanteur lyrique.

Son beau-père lui confectionnera un répertoire musical ajusté au plus près de ses capacités vocales. Bien que de petite taille lui aussi, sa prestance et son charisme lui font côtoyer les grandes étoiles de l'époque[17]. Sur une affiche, son nom jouxte celui du grand clown Grock. Cela contribuera à conforter son image de directeur de piste de la troupe marseillaise. Il joue et dirige ses comiques comme un régisseur de cirque. Dans *Les Gauchos de Marseille*, il optera dans une scène transformiste pour le costume à paillettes du clown blanc. Les cheveux gominés, son maquillage de scène habituel, opalescent aux lèvres carminées, le rappelleront fortement. Homme de spectacle plus

16. Roi du « spadagué », langage volontairement incompréhensible à des fins de confusion pour l'auditeur.

17. Raquel Meller « la Violettera », Mistinguett « la Miss », et Joséphine Baker.

que comédien, en 1924 l'Alcazar de Marseille le met à l'affiche en vedette et les Folies-Bergère de Paris l'intégreront en vedette américaine dans leurs revues de 1926 et 1927.

Il en gardera une certaine nostalgie et un goût inconditionnel pour la revue. À tel point qu'il refusera pendant longtemps, malgré l'évidence, le qualificatif d'opérette que lui proposait Sarvil, utilisant pour la circonstance et pour trouver une sortie, le terme impropre d'opérette-revue.

Alimentant la polémique, ce contresens malheureux installera le genre dans une ambiguïté encore pesante aujourd'hui pour la reconnaissance et la notoriété du théâtre chanté marseillais. C'est à l'initiative d'Alibert et sa parfaite connaissance du milieu artistique parisien, presque totalement aux mains des Méridionaux, que se constituera la troupe de la Revue marseillaise. Lorsque Sarvil écrivit, à la demande d'Alibert, le livret du *Roi des galéjeurs* (1938), c'est de M. Henri qu'il tressait la couronne.

Sa production phonographique est une des plus importante de la période d'avant-guerre, près de 500 titres à son catalogue[18]. C'est un chanteur fantaisiste à l'accent parisien qui triomphe en 1930 à Paris, avec une chanson de son beau-père *Mon village (Mon Paris).*

Mais sa carrière de « jeune premier » ne débutera véritablement qu'avec les opérettes marseillaises en 1932, il avait alors 43 ans.

René Crescenzo dit Sarvil (1901-1975)[19]

Premier fils d'un émigré napolitain originaire de Castellamare di Stabia, distingué tailleur d'habits arrivé à Marseille en 1893. Il est né à Toulon au Pont-du-Las lors d'une pérégrination temporaire de ses parents. Après un séjour à Oran, il passa son enfance à Marseille, fit la communale à Menpenti.

18. Discographie parue dans *Phonoscopies*, revue trimestrielle de Gérard Roig, publiée en 2002.

19. Facétieux de nature et par vocation, Sarvil décédera le 1er avril 1975 à Marseille, il y a trente ans ce printemps.

Il débuta en amateur à 15 ans, devint professionnel à 16, jusqu'en 1930 où enfin, comme beaucoup d'autres, il « monta » à Paris et y fit l'essentiel de sa carrière. La famille de sa mère (Lotero) d'origine génoise, installée depuis le début du XIXe siècle dans les vieux quartiers de Marseille, rue Torte (une des plus vieilles rues de la cité), en fut chassée vers 1860 à cause de l'installation du grand lupanar[20]. Ces « Sanjanenques » émigrèrent à La Ciotat où ils travaillèrent dans la charpenterie de marine et la voilerie. Une de ses cousines du Panier a été poissonnière jusque dans les années 1970.

Cette filiation lui transmettra une parfaite connaissance de ce petit monde de marins et de pêcheurs dont il s'est fait le chroniqueur au second degré. Il connaissait bien le parler marseillais et comprenait le provençal qu'une de ses grands-mères maîtrisait parfaitement.

Sa femme, Juliette Clinchard dite Saint-Giniez, auteur dramatique (1908-1980), petite-fille d'un capoulié *di tambourinaire* félibréen du Var, ami de Mistral, lui apporta en dot l'autre partie de ce qui constituera l'ossature de leur parfaite connaissance de la culture Provence littorale.

Toutes ces influences contribueront à donner un caractère traditionnel à ce qui va devenir les opérettes marseillaises.

Auteur d'un millier de chansons sur cinquante années de carrière, il a écrit pour les plus grands de l'époque : Félix Mayol, Maurice Chevalier, Fernandel, Tino Rossi, Édith Piaf, Réda Caire, etc.

Il excellait dans de nombreux domaines. Adrien Eche, historien et chroniqueur du music-hall, le définit ainsi dans son ouvrage *Marseille sur Scène*[21] : « Possède plus d'une corde à son arc. Il est à la fois chansonnier, auteur dramatique, acteur. Remarquablement doué, il réussit dans les trois genres. »

Chansonnier sous contrat à la Lune Rousse, de 1931 à 1936, il écrivait tous les spectacles et les revuettes du lieu mythique de l'esprit montmartrois, pour son complice

20. *Cf. Marsiho* de Suares, éditeur Jeanne Laffitte, 1998.

21. *Marseille sur Scène* de J. Bazal, M. Baudelaire et A. Eche, éditions des 4 seigneurs, Grenoble, 1978.

Pierre Dac. Végétant, il n'en jouait pas moins les utilités et le Marseillais de service auprès des touristes, rue de Clichy, lorsque Alibert vint le chercher pour écrire la *Revue marseillaise*. Cette initiative installera définitivement le genre dans la capitale. À la demande de son commanditaire, il produira ainsi les sept livrets et toutes les chansons de ce corpus qui entrera dans le patrimoine de la cité phocéenne.

Il est aussi, avec la complicité d'Hyppolite Ackermans, le créateur de ce qui restera comme le dernier Noël de la tradition calendale, le naïf et populaire *Noël des petits santons* (1935).

De par l'éducation de libre-penseur de son père, il ne jouera jamais, à l'instar de ses deux complices, dans une pastorale. C'est pourquoi il s'en écrira une : *Le meunier de Santonville*[22] (1946), écrite en français, hélas restée à l'état de tableau dans une revue.

Il est en outre l'auteur déclaré de la majorité des revues qui se jouaient à Marseille entre 1939 et 1944, à l'Odéon, ainsi que celles avec Robert Trébor qui clôtureront le cycle mémorable de l'Alcazar du cours Belsunce (1951-1965).

Paradoxe, il obtint en 1964 la médaille de reconnaissance de la Ville de Paris !... Malgré cela, s'il est un titre que l'on peut accorder pour identifier le dernier de nos Rois mages, c'est celui de roi des chansonniers marseillais.

---

22. Yvan Audouard, qui n'aimait pas les opérettes marseillaises, a repris le thème dans un spectacle à l'Alcazar : *La Pastorale des santons de Provence.*

Reconnaissance en paternité

Acte de notoriété : SARVIL–ALIBERT

« Qué fortune ! » a-t-on l'habitude de dire à Marseille pour définir une situation d'excellence ; familièrement, on le dit d'une bonne aubaine. La rencontre de Sarvil et Alibert relève de cette veine.

Mais leurs rapports furent toujours chargés d'ambiguïté compte tenu des distances hiérarchiques qu'ils entretenaient. Leurs relations tinrent plus de celle de Don Juan et de Leporello, que de Scaramouche et Pantalon ; jamais celle de fou du roi !

De par sa position dominante de directeur de salle, de commanditaire de spectacles, de ses qualités de management et son talent opportuniste, il est patent qu'Alibert orientait les choix artistiques, cela aurait pu facilement tourner aux liens de subordination. Non pas ceux de maître à élève, ils ne sont pas du même style, ni de la même génération artistique, mais des liens de maître à valet, valet de comédie s'entend ! Celui qui est au centre de la pièce et qui sert d'entregent à son maître tel Sganarelle. Sarvil, très respectueux de la vedette qu'il côtoie, n'a pourtant jamais été le valet de personne ; cela lui a coûté bien des avanies au cours de sa carrière, voire certainement une partie de celle-ci. Pourtant, il a accepté sans trop de tracas la tutelle d'Henri, il en était même plutôt fier ; même si le fondement symbolique les installe sous le halo de la sphère du clown blanc et de l'auguste. Alibert et Sarvil, à la scène comme à la ville, physiquement c'est Don Quichotte et Sancho Pança, et selon leurs accords, les rôles seront écrits dans cette perspective.

De ce qui est affirmé précédemment, c'est Henri le décideur, il s'appuie sur ses intuitions et s'entoure des meilleurs conseillers qui soient dans leur spécialité.

Ainsi, il bénéficie de l'expérience de Roger Ferréol, directeur de théâtre, du compositeur Vincent Scotto, son beau-père, qui lui constituera le plus beau répertoire que l'on puisse rêver, enfin de la culture de façonneur de revue et de la plume de René Sarvil ; également quelques autres comme Raymond Vincy, Marc Cab qui apparaissent parfois dans la redistribution des droits d'auteurs.

On peut ainsi considérer cette somme du théâtre musical chanté comme étant le résultat d'un travail d'équipe. Sur ses conseils éclairés, il distribue les rôles, se donne le plus beau, celui de la vedette qu'il est, de façon incontestable. Son talent naturel de chanteur méridional avec accent, sa musicalité, sa diction parfaite, son dynamisme de fantaisiste, feront qu'il sera logiquement la star vedette de ses productions.

De toute manière, Sarvil, s'il a son petit succès dans la profession, et si son gagne-pain de chansonnier de la Lune Rousse le classe avantageusement dans une élite qui se veut « intellectuelle », les Lunard[23], il n'est pas véritablement un concurrent. Ce n'est pas à proprement parler un chanteur, plutôt un petit gros sympathique dont l'emploi sur scène est tout trouvé : il jouera les rondeurs à l'emploi de contre-comique intelligent et futé ; le Chico des Marx Brothers. Il est surtout connu dans le métier comme auteur prolifique de chansons. Il a déjà écrit avec Scotto et à ses débuts, il a vendu bon nombre de ses productions à d'autres. C'est une pratique courante dans la profession, et nous serions certainement très surpris, aujourd'hui encore, si nous allions voir de plus près qui sont les véritables auteurs des immortels succès que nous fredonnons.

23. Aujourd'hui, rive gauche !

Au fur et à mesure de l'évolution de l'écriture des livrets, et devant le succès croissant des seconds rôles qu'interprètent Gorlett, Rellys et Sarvil, la tendance va s'inverser, et comme cela s'est produit avec le cirque, ce sont les deuxièmes couteaux qui vont briller sous les projecteurs (on ne dit pas encore *sunlights*), le clown blanc va être réduit à jouer désormais les faire-valoir. Si Alibert avait véritablement écrit les livrets, agacé qu'il était parfois des succès de scène de ses « géniaux » comparses, il n'aurait certainement pas poussé l'esprit de sacrifice jusqu'à se faire voler la vedette par les comiques, car c'est ce qui s'est produit peu à peu. À cause du public d'abord, qui veut rire pour oublier que le krach de Wall Street de 1929 va inévitablement leur coûter une guerre, puis par choix de l'auteur qui doit concurrencer le cinéma parlant qui remplit de plus en plus les salles de projection.

En réalité, les rôles de comiques qui étaient l'épine dorsale des revues le sont aussi des opérettes marseillaises. Sarvil ne les a écrits que pour lui. C'est une autobiographie d'amuseur-né, depuis ses joies d'enfant à Oran que lui procurait Guignol, jusqu'à ses derniers instants où, sur son lit de l'hôpital Saint-Joseph, il rend compte au personnel soignant des facéties de sa vie passée, il n'a de cesse que de faire rire. Doté d'un *ego* démesuré, Sarvil ne peut accepter que l'on s'oppose à ses aspirations artistiques. Comme disait sa grand-mère : « Quand il a une idée dans la tête, il ne l'a pas au c… »

Pour toutes ces raisons, leurs rapports professionnels et humains ne pouvaient qu'être conflictuels, jusqu'à la rupture, ce qui ne manqua pas d'arriver en 1939. Malgré cela, Sarvil est resté plein d'admiration pour Alibert, de reconnaissance et de respect ; flatté aussi d'être le thuriféraire d'un tel personnage. Ils ont été à l'affiche de l'Alcazar ensemble en 1926, mais lui, modeste chansonnier, passait alors en première partie.

Il a joué le jeu, n'a pas craché pas dans la soupe. Il savait très bien qu'il devait une partie de sa notoriété à Scotto et à son chantre Alibert. Toute sa vie il a accepté, résigné mais meurtri, de voir briller au firmament des étoiles du music-hall le nom de ses associés alors que le sien restait (encore aujourd'hui) plus que jamais oublié du grand public.

Car le mécanisme de déclaration des droits d'auteurs, leur redistribution, la législation de la protection des œuvres littéraires, qui datent de Beaumarchais, était ainsi conçue : « Que peuvent être considérés comme auteurs, un certain nombre d'intervenants, dont les directeurs de salle », ce qui était le cas d'Henri Alibert, qui devint paradoxalement de fait et de droit, à l'inverse des termes du contrat de travail du 22 mars 1932 (*cf.* annexes), le collaborateur de René Sarvil. (Depuis 1957, des modifications sont intervenues dans la loi.)

Un collaborateur n'était pas nécessairement un auteur. Il pouvait obtenir les droits sans avoir écrit ou inspiré une ligne. Le simple fait de représenter la pièce dans son théâtre le légitimait[24].

Nous en voulons pour preuve la lettre à en-tête monogramme H. A. M (Henri Alibert Marseille, sans doute) sur papier de luxe, curieusement domiciliée 22, rue Alibert[25], X^e^ arrondissement, datée du 3 septembre 1933, qui à la fois confirme le marché de dupes, commande la nouvelle opérette *Trois de la marine*, mais impose aussi les conditions de dépôt des signatures des droits d'auteurs (*cf.* annexes).

Cela nous révèle ainsi les véritables pratiques et lève le voile sur le mythe Henri Alibert, auteur des opérettes marseillaises. Le profil des deux carrières comparées ne laisse planer aucun doute sur les sources d'inspiration qui ont présidé à la construction de celles-ci. Le millier de chansons et de sketches qu'a écrits Sarvil, dont c'est tout de même l'activité principale, l'adéquation et la qualité des lyrics à la musique de Scotto, l'ingéniosité des scénarios, plaident largement en faveur d'une unité d'écriture.

Unanimement, la critique et toute la profession ont reconnu qu'*Un de la Canebière* « était un excellent vaudeville à la Feydeau, voire à la Molière qui aurait pu fonctionner

24. *Traité de la propriété littéraire* d'Eugène Pouillet, avocat à la cour de Paris.
25. Elle existe vraiment !

sans les chefs-d'œuvre musicaux[26] » qui ont fait sa renommée ; le fruit des réflexions d'un homme d'écriture.

De plus, la correspondance du 27 août 1933, à l'en-tête du Midland Hôtel de Vichy, qui montre la difficulté d'Alibert à honorer Sarvil de sa « collaboration » (ce qui doit représenter une grosse somme pour l'époque, puisqu'il ne peut l'acquitter avant d'avoir été lui-même couvert par les producteurs), ne laisse plus aucun doute sur le rôle de chacun. Mieux encore, l'idée généralement répandue et entretenue dans des interviews qu'Alibert serait l'« inventeur » du genre, est largement battue en brèche par le courrier officiel à l'en-tête des Deux Ânes du 10 août 1933, où il affirme que « l'avenir, c'est la revue », et que le scénario que Sarvil lui propose « est excellent, mais fait un peu trop "opérette"[27]. » C'est un aveu de taille ! On comprend que celui qui croit aux opérettes, c'est évidemment l'autre, véritable détenteur du droit moral et créateur du genre, celui qui va lui donner les lettres de patente pour être inscrit au répertoire de nombreux théâtres nationaux, c'est René Sarvil, le Marseillais, l'oublié de la Canebière.

Lorsqu'ils seront fâchés et que le rappel du réserviste Crescenzo les aura pour un temps séparés, Alibert commandera à d'autres des revues qu'il aurait bien été en peine d'écrire, et pour cause. La seule opérette qu'il jouera durant cette période, le 8 mars 1940, est celle de son concurrent Audiffred *Ma belle Marseillaise*. Le 24 avril 1942, il crée aux Variétés, son théâtre, *Paris-Marseille*. « Une revue au parfum d'aïoli rédigée par le Parisien Raymond Souplex, autour du personnage d'un mauvais garçon du Vieux-Port. » Restée deux mois à l'affiche, elle n'aura pas laissé de trace dans les annales. Puis ce sera *À la marseillaise*, « une revue aussi fade qu'une bouillabaisse privée de rascasse et de safran[28]. »

---

26. Cité par Lucien Dubucq, grand critique littéraire parisien.
27. *Cf.* annexes : lettre de Alibert à Sarvil.
28. Cité par Hervé le Botref dans *La vie parisienne sous l'Occupation*, p. 335, France Empire éditeur, 1968.

Aujourd'hui, il y a prescription, et s'il y avait eu délit, ce ne serait qu'entre initiés où les deux parties étaient consentantes. Mais rendons à César ce qui appartient à César, et à Sarvil ce que l'on pensait être d'Alibert.

Le 23 janvier 1951, dans l'édition du *Méridional* qui annonce la mort d'Henri Alibert, c'est à René Sarvil que l'on demande de rédiger l'éloge funèbre. Ce dernier griffonna quelques mots que nous avons retrouvés et qui résument la véritable nature de leurs liens : « Si nous étions en été, les cigales dans les grands pins de Provence observeraient une minute de silence pour rendre un hommage ému à celui qui les a si bien chantées, et le soleil du Midi aurait mis ses rayons en berne pour son grand ami disparu. »

Plus tard, en 1975, quand le troisième protagoniste aura disparu, au cours d'un dernier hommage rendu à Sarvil par *Le Provençal* dans une rubrique de Jean-Marie Alibert, le fils journaliste reconnaîtra enfin, tardifs aveux, que René « était à l'origine des opérettes marseillaises. » Il intitulait son article *Un de la Canebière*.

Les opérettes marseillaises, un produit d'exportation ou un théâtre en exil ?

Depuis le début du XIXe siècle, il existe des spectacles régionalistes à Marseille. Revues, cabarets, cafés-théâtres, caf'conc, pantomimes, pastorales, théâtre chichois, théâtre d'ombres, opérettes ; un genre qui se suffit à lui-même, en langue provençale voire marseillaise, qui est le produit d'au moins deux idiomes, l'occitan et le français que l'on appellera le francitan.

Mais la consécration passera par Paris et le français deviendra la seule langue de communication. Aussi, tous les artistes devront abandonner leur culture propre pour se vêtir du costume de la respectabilité. En 1937, Pagnol fera dire à son Schpountz : « Je monterai à Paris et je deviendrai célèbre ! » Ce qui veut bien dire que s'il reste dans le Sud, il ne le sera pas vraiment. Déjà en 1840, Victor Gélu chante en provençal « Lazare fait ton fils parisien[29]. » Une certaine acculturation est donc indispensable ! Ces artistes provençaux vont devoir crypter leurs répertoires afin que l'on ne puisse pas décoder leurs origines.

Ainsi, en 1900, Mayol le Toulonnais, la star de l'époque, homosexuel avéré, ne s'en est pas caché. Par contre, au début de sa carrière, il gomme partiellement son accent. Il est en ces temps plus facile d'être du genre tata[30] (expression consacrée par Dranem et Nibor), que du genre marseillais.

---

29. *Lou parisien,* chanson marseillaise de Victor Gélu, *Œuvres complètes* 1880, tome 1, p. 82.
30. Cité dans la chanson *Le Myriagramme* de Victor Gélu en 1840. La tata à Marseille au XIXe siècle, c'est la cantinière des écoles.

Cette stratégie du dévoilement ne prendra véritablement fin qu'avec la consécration des opérettes marseillaises. Celles-ci n'auront plus honte de leur accent, bien au contraire, elles en seront même plutôt fières, elles vont en user et malheureusement aussi en abuser. Mais on peut tout de même dire qu'à ce titre, elles ont été tout à fait révolutionnaires pour la culture méridionale. Velléité d'indépendance artistique, déjà revendiquée et amorcée depuis le mouvement félibréen de Frédéric Mistral.

Au début du siècle, le spectacle marseillais, c'est la revue, une succession de tableaux sans véritables liens entre eux, qui évoque des événements, des personnages ayant défrayé ou défrayant la chronique, l'actualité, sous forme de sketches, de chansons ou de simples couplets. Ils doivent pouvoir être intégrés le plus rapidement possible au spectacle en cours, quelquefois le soir même. D'où une faculté d'improvisation et l'utilisation d'un canevas, la parodie : on prend un air à succès, des personnages à la situation connue et ainsi, sera constitué à peu de frais un support sur lequel on va pouvoir digresser.

Dans le chapitre qui va suivre, nous utiliserons le même procédé parodique (sans la musique !) pour vous narrer la lente reconnaissance du théâtre marseillais et sa résolution dans les opérettes marseillaises, mais à partir de faits rigoureusement exacts que nous pourrions illustrer de la sorte : « À la manière de... et *avé l'assent.* »

Imaginons que cette longue traversée du désert n'a pu aboutir qu'à la suite de la mise en place d'une espèce de subversion culturelle qui prendra la forme d'une obsession, et n'aura de cesse que de renverser la commune libre de Montmartre, haut lieu de l'activité artistique de la capitale depuis des lustres.

Symboliquement, cela rappelle la constitution du premier bataillon des volontaires marseillais[31] qui, en septembre 1792, volera au secours de la République, exportant pour la première fois une chanson marseillaise à Paris.

31. *Cf. Le bataillon marseillais du 21 janvier,* de F. Portal, Marseille, Librairie P. Ruay, 1900.

Ainsi, 140 ans plus tard, un groupe de « conjurés » va tenter ce « coup d'État ». Ils devront renverser le pouvoir de Paris afin de desserrer le joug culturel qui enserre la colonie méridionale. La Convention avait réclamé à Marseille 600 hommes pour mourir. Pas bégueule, l'antique Phocée va lui adresser quelques-uns de ses meilleurs fils prêts à mourir… mais de rire !

À la manière de… et *avé l'assent.*

Aux armes concitoyens !

Depuis quelques années, les centres névralgiques avaient été muselés, tous les principaux théâtres étaient aux mains de la réaction : la presse spécialisée s'étant autocensurée, car tout idiome provoquait les sarcasmes d'un public goguenard, tout acquis à la cause du « pouvoir » parisien en place. Jugeant ce terrorisme intellectuel déplacé pour le moins, un groupe d'activistes régionalistes s'est organisé il y a quelque temps et a commencé à infiltrer les milieux influents du spectacle.

Le programme de ce mouvement clandestin, qui s'appuie sur des éléments solides, les meilleurs de chaque spécialité, s'applique à une reprise en main de tous les secteurs clés de l'expression artistique. Occuper tous les carrefours d'activités culturelles, ceux de la littérature, de la musique, si possible sans trop d'effusions de sens, afin d'être compris par le plus grand nombre. Procéder à une action hautement symbolique qui viserait, au propre comme au figuré, ni plus ni moins à remplacer sur la colline Sainte-Geneviève le Sacré-Cœur de Montmartre par Notre-Dame-de-la-Garde. Cela permettrait ainsi d'affirmer un genre authentique qui n'ose encore dire son nom.

Cette entreprise pouvant paraître présomptueuse et vouée à l'échec, va pourtant se produire le 22 octobre 1932, lorsque tombera le rideau rouge du théâtre montmartrois du Moulin de la Chanson sur le final de la *Revue marseillaise* de René Sarvil, Mas Andrés et Marc Cab, sur des musiques de Vincent Scotto, Georges Sellers et Sarvil.

Sous les acclamations du public parisien et des observateurs de la presse, le coup d'État allait réussir au-delà de toute espérance.

Il faut dire que l'affaire avait été préparée de mains de maîtres depuis des lustres par ce que nous pourrions appeler le MLCM, mouvement de libération de la chanson marseillaise ! La capitale avait été infiltrée par une avant-garde « révolutionnaire » de chanteurs masqués, sécurité oblige, l'ennemi se serait méfié et aurait boudé les artistes : POLIN, AUGE, BOISSIER, ROLLA, FORTUGE, DOUMEL, VALENTIN SARDOU (le grand-père), HENRI VILBERT (l'oncle), TRAMEL, MAYOL.

Après cette première vague, l'artillerie lourde a été donnée et même l'armée a été minée de l'intérieur par les comiques troupiers du genre Ouvrard : RAIMU, FERNANDEL.

On sort de l'affaire Dreyfus et l'on entre dans la Grande Guerre, mais l'intendance va suivre puisque vient d'être parachuté sur l'Eldorado un franc-tireur chargé de mettre le feu aux poutres de l'édifice, un métèque répondant au nom de guerre de Vincent Scotto, son nom de code étant D'Agnello ce qui indique qu'il est d'une famille originaire de Procida (Naples). Il est inconnu, mais il est résolu et puissamment armé de bonnes intentions lyriques, d'un stock de munitions impressionnant et d'une imagination musicale débordante. Il joue dans tous les registres de la séduction, et sur toute la gamme, sur une guitare à neuf cordes d'Achille Jacomoni, le meilleur luthier de Marseille. Il dispose donc d'un service d'assistance technique de premier ordre et il est à la tête du réseau du premier régiment des mandolines napolitaines basé à Marseille, recrutées dans les meilleures *estudientinas* musicales.

Certes, il avance masqué depuis de nombreuses années en attendant la relève.

Il a même dû, quel affront, changer les paroles de son premier succès *Le Navigatore*[32], et accepter de faire « arranger » sa musique par *La Tonkinoise* de Christiné. Il est patent que « ma Tonkiki, ma Tonkiki » c'est beaucoup plus raffiné à chanter que « Je suis un *navigatore* », trop régionaliste au goût

32. Le succès de Scotto est donc dû à l'échec de son parolier, Georges Villard (1876-1921), au demeurant excellent.

de Christiné, en réalité beaucoup trop italien[33] pour le type « tourlourou », le genre napolitain a déjà envahi le caf'conc. Vincent a donc mis en place un cordon sanitaire de succès bien parisiens (*Sous les ponts de Paris*, *Mon Paris*, etc.), c'est un vrai poulbot. Il compose aussi une dizaine d'opérettes parisiennes aujourd'hui totalement oubliées ; et même une œuvre méridionale jouée discrètement à Tarascon en 1905, sur un livret de Mas Andrés, délicatement appelée *La famille Banaste*.

Ainsi, il passe plusieurs années au sein de l'ennemi sans éveiller le moindre soupçon. Évidemment, le mouvement a failli être démasqué plusieurs fois. Imprudent, Mayol avait lâché quelques pointes d'accent. Doumel s'est même totalement dévoilé en essayant d'imposer le genre marseillais à la scène, mais le public n'était pas attentif et l'entreprise échoua piteusement ; le mouvement se réfugia dans la clandestinité, en attendant des jours meilleurs.

Pourtant ce n'est pas faute d'avoir mis en place les structures de la subversion. Tous les théâtres principaux de Paris sont maintenant occupés et contrôlés par des Méridionaux (Henri Varna, Roger Ferréol, Léon Voltéra). Le fameux cabaret de la Lune Rousse lui-même importé directement de Marseille par Numa Blés et Théodore Flaville en 1900, nourrissait en son sein un nid de vipères notoirement provençales (Sarvil, Marsac, Dominique Bonneaud).

Il est évident que les révolutions se gagnent d'abord sur le papier ; pendant toute cette période, les idéologues du parti d'en rire affûtent leurs arguments. Un plumitif provincial timide au nom bien français, quoique hispanisant, de Marcel Pagnol, commet quelques œuvres pour le répertoire du théâtre de la capitale nationale, qui passent à peu près inaperçues, et seront même reconnues comme étant des échecs cuisants, mais son heure viendra. Pour l'instant, les chefs de file, les vedettes régionales sont encore pour quelque temps obligées de chanter sans accent.

Henri Alibert lui-même, qui sera le roi incontesté de l'opérette marseillaise et qui pour l'heure imite Mayol, son « coreligionnaire », passe pour un fin diseur, un chanteur mondain.

33. À Marseille, au début du siècle, ce sont les Italiens qui occupent la place et la situation réservées aux Maghrébins aujourd'hui, aux gens de l'Est demain.

Cela malgré l'imprudence qui lui a rapporté gros, puisqu'il a interprété Oh ! ma Quique, une marseillaiserie qui a vendu (dixit son éditeur) un million d'exemplaires de petits formats.

Titre provocateur qui aurait pu le perdre et le cataloguer au niveau combien frustrant de chanteur provincial. « L'assent » rejette la langue française au rang de dialecte, de patois, et avec eux, l'interprète dans un registre de chanteur étranger, relevant d'une bienveillante curiosité ethnographique, comme les troupes de Lilliputiens ou les Canaques du Jardin des plantes.

Les conjurés du Sacré-Cœur

En 1931, le matin du grand soir approche, la dernière vague des conjurés se réunit maintenant sur la butte Montmartre où aura lieu le putsch, dans un restaurant marseillais appelé *La Canebière*, tenu par un sympathisant. Ils y ont transféré et investi le siège de la vieille association des Marseillais de Paris. Sous prétexte d'échange gastronomique autour d'une bonne bouillabaisse, c'est un protocole d'armée secrète qui se met en branle. C'est certainement au cours de ces agapes confraternelles que s'élabore la conscience d'une véritable identité culturelle artistique étouffée depuis un siècle, et qu'il va falloir maintenant exploiter commercialement.

Les conjurés se reconnaîtront par une marque distinctive, l'imaginaire brin de romarin à la boutonnière, mais une véritable pointe d'accent au coin de la lèvre qui fleure bon le *pèbre* d'ail. Les initiés du complot se reconnaîtront par des expressions, des signes propres à toutes les organisations qui tiennent à la discrétion. Ce qui est le cas pour notre colonie provençale depuis des décennies, dont les membres se distinguaient entre eux par des expressions cryptées du genre : « Oh ! pécaïre ! » ou « Coquin de sort ! » qui émaillent leurs conversations les plus sérieuses. Quant aux signes d'identification, ils ne seront communiqués qu'à un cercle restreint d'initiés qui devront avoir vécu plusieurs années aux terrasses des bars et cafés de la Canebière.

Pierre Fresnay, un Alsacien pur et dur, racontera plus tard les difficultés éprouvées pour réaliser correctement cette gestuelle lors de la conversion ethnique que réclamait le rôle de Marius. Nous pourrions dire avec lui que c'est une espèce de « sémaphorade » réalisée le petit doigt en l'air et en extension à la manière des jeteurs de sorts napolitains, les deux bras savamment alignés, légèrement décalés et agités de façon plus ou moins véhémente en fonction du degré d'incrédulité de l'interlocuteur.

Aujourd'hui encore subsistent des traces de ces vieilles locutions, sauf qu'à l'acclamation rituelle d'alors « Tè collègue ! » lui est substituée une très expressive « Tè, je le crois pas ! » Afin de faire partie du cénacle, la tenue correcte sera de rigueur, un passage chez Péris[34] s'impose, on ne peut passer pour des « rigolos[35] » surtout si l'on cultive déjà le genre comique. Ne sera tolérée en vacances, et encore, seulement à l'abri des regards malveillants, une tenue spécifique qui leur permettra de se situer au premier coup d'œil : la casquette blanche (sur l'oreille) qui sera appelée « bâche » mais uniquement pour les parties de « pieds tanques » et le tricot de marin (acheté rue de la République). Le pantalon de toile de lin écru patte d'« eff », et taillole qui s'étale sur la perpendiculaire d'une dizaine de boutons de braguette en corozo. Une patte de réglage arrière veillera à ce qu'il ne soit pas trop serré... sous les bras, ajustant le muscle abdominal ce qui facilitera le geste auguste du boulomane. Enfin, une sparterie assortie à l'ensemble ou une belle paire de pompes marseillaises à deux tons vernis clôturera le personnage.

En tenue de sortie et encore seulement pour les musiciens de fosse, le tricot Lacoste des tennismen sera bien vu, surtout si M. Borotra (futur ministre des Sports du Maréchal) arrive au gouvernement.

Précaution ultime, afin de ne pas éveiller les soupçons, l'haleine ne devra que modérément sentir l'ail et l'anis[36] ; surtout pas avant dix heures du matin et pas après onze heures du soir, ce qui pourrait être considéré comme d'un grand sans-gêne.

---

34. Tailleur des élégances et sponsor des opérettes marseillaises situé rue Pavillon.
35. Des rigolos à Marseille = pas sérieux.
36. Paul Ricard dépose son brevet 1931. Le pastis remplace le Pernod de Marius et fait son entrée au théâtre avec les opérettes marseillaises.

En ce printemps 1932, alors que le président Paul Doumer va être assassiné (le 6 mai, pour des raisons bien entendu totalement étrangères aux préoccupations de nos joyeux farceurs), tout semble mis en place. Le terrain idéologique a été préparé par les intellectuels, et *Marius* qui a été joué au théâtre en 1929, a obtenu un bon succès d'estime... dans la capitale.

Ainsi, la découverte de ce nouveau théâtre régionaliste, ethnique, va permettre une nouvelle perception de la culture marseillaise. Marcel Pagnol, du même coup, va resituer le parler marseillais à sa juste place, celle d'honneur, qui ouvrira la porte à une expression qui ne demandait qu'à éclore. Le « méridionalisme » naissant va s'installer sur cette vague porteuse, comme on dit aujourd'hui.

L'association des Marseillais de Paris, vieille confraternité culturelle et identitaire, a donc servi de centre de ralliement à tous ces artistes en exil, dont René Sarvil déjà initié de longue date auprès du Cercle Sébastopol de Marseille, association artistique régionaliste et familiale, mais pour l'heure...

– Le président en est le journaliste André Négis.

– Le secrétaire perpétuel, Marcel Pagnol, auteur, cinéaste, pas encore écrivain, encore moins académicien.

– Le chantre de la nouvelle expression, Henri Alibert, meneur de revue.

– Le «porte-parole», le chansonnier René Sarvil.

– Pour régler cette partition, le génie de la mélodie et auteur de musique pour chansons à succès, l'éditeur et compositeur Vincent Scotto.

Voilà, les cadres de l'organisation sont constitués, il est temps de passer à l'action !

La Revue marseillaise de 1932

Banc d'essai de l'opérette du même nom

Le prétexte en sera la création à Montmartre de la *Revue marseillaise*. Ainsi, le samedi 26 avril 1932 à 21 h 30, après les fatidiques trois coups, lorsque se lève le rideau du théâtre de poche du Moulin de la Chanson, c'est la stupéfaction et le ravissement à la fois !

La butte Montmartre qui illustrait précédemment le décor a été remplacée par une superbe effigie de la Bonne Mère que l'on distingue en fond de scène.

Depuis la sardine qui avait bouché le port, rien d'aussi outrecuidant n'avait été tenté. En ce jour mémorable, c'est la Vierge de la Garde qui nous en bouche un coin. On ne pourra pas arguer de la traîtrise des « putschistes », la presse a annoncé l'événement à grand renfort de publicité. Tous les auteurs du « complot » sont dans la salle à visage découvert ; un peu *estranciné*, il est vrai. On peut même y voir le grand Jules (Raimu) venu *espincher* le spectacle, ainsi que le garde du corps, l'exécuteur des « basses œuvres », mais du noble art, le boxeur marseillais Kid Francis, champion de France 1925. Il a battu la veille le Versaillais Huat, qui sera pourtant l'année suivante le champion en titre. C'est une tradition du théâtre que d'honorer une personnalité du sport ; Carpentier et Ladoumègue ont figuré dans des revues parisiennes. Un couplet de la chanson de Sarvil *Zou un peu d'aïoli*, lui a même été consacré, nous retrouverons ainsi le Kid de Marseille en 1935 figurant dans *Un de la Canebière*.

De même, les sympathisants politiques du mouvement représentés par le député radical-socialiste Édouard Daladier dit le Taureau du Vaucluse, ami personnel de son administré Alibert, sont aux premières loges.

Car la vedette incontestée de ce spectacle, la figure emblématique de la *Revue marseillaise*, c'est le chanteur provençal Henri Alibert. Il va être une décennie durant, outre le promoteur de ses spectacles, le meneur de revue que l'on connaît, la voix, l'enthousiasme et la joie de vivre de ce nouveau genre que va être l'opérette marseillaise. Dans tous les cas, il sera le meilleur malgré le talent d'autres chanteurs et pas des moindres tels Berval, Andrex, Darcelys, etc. Il ne sera jamais égalé.

Son statut de vedette et de directeur de revue l'a aidé à faire aménager une plage pour interpréter quelques pièces de son tour de chant. Il pourra ainsi laisser parler son véritable talent, avec accent, dans la célèbre *Chanson du cabanon,* dans *Oh ! ma Quique,* aussi dans *Tout le pays l'a su* et encore dans *Le tango marseillais* après le fox-trot parisien, c'est une nouvelle spécialité, avec Jenny Helia en duo.

Autre vedette de cette revue, le comique Gorlett. Sarvil l'a découvert alors qu'il était directeur du cabaret montmartrois de la rue Thubaneau à Marseille, le Chat Rieur du Palermo ; il était à l'affiche d'un de ses spectacles, la revue de 1929 *Elle est à vous*, et tout naturellement, il l'a imposé dans la revue de Montmartre. Henri Fabre, de Pélissanne (Bouches-du-Rhône) dit Gorlett, domicilié à Marseille rue Guibal, est employé de la Compagnie du gaz et comique à ses heures. Inénarrable dans le concours de blagues, menteur invétéré, il officie avec Sarvil dans un sketch parodique intitulé *Chichois*, joue Hernani de Victor Hugo, revu et corrigé par Sarvil à la manière des Branquignols.

La chanteuse Jenny Helia, une brune piquante, qui sera la vedette de la future opérette, est d'Endoume.

Le reste de la troupe est exclusivement méridional, ainsi que les ouvreuses et le personnel de régie.

L'on parle marseillais dans la salle, pour peu que l'on tende l'oreille, l'on y entendrait bruire les cigales.

Le spectacle va commencer, demandez le programme !

ROGER FERRÉOL ET ALIBERT AMÈNENT LA SARDINE A PARIS

Les interprètes de la Revue *Marseillaise au Moulin de la Chanson. De gauche à droite :* Ferréol (en capitaine), Alibert, Sarvil, Jenny Helia, Castel, Delmont et Gorlett.

La troupe initiale : Alibert, Sarvil, Gorlett, Delmont, Jenny Helia, Marthe Marty, Marguet Villy, Flament, Rioldo, Marius Sabor, Baptistin Farius, Pignol, Rouquier, Ginette Guy, Blanche Sazy, Betty Parthenis et Edmond Castel prêté par Léon Voltéra. (Régine Gall viendra rejoindre la troupe les derniers mois et fera les levers de rideau.

Direction : Roger Ferréol.

Orchestre de Georges Sellers.

Les auteurs : René Sarvil et Mas Andrés (pour le 7e tableau, Marc Cab pour le 3e).

Revue en deux actes, onze tableaux, un entracte et un tour de chant d'Henri Alibert.

Musique de Vincent Scotto, Georges Sellers et René Sarvil.

1er acte

Prologue

Les cris de Marseille : Rioldo, Pignol, Flament, Marguet Villy, Suzy, Rouquier, Aries, Farius.

L'on y entend les petits métiers des rues et des marchés de Marseille : la marchande de sardines, de brousse du Rove, de picons, de « betterabo de Gardanno[37] », de limaçons, et sa célèbre apostrophe en marseillo-provençal que l'on pouvait entendre encore il n'y a pas si longtemps dans nos quartiers :

A l'aigue sau les limaçons
Y en a des gros et des pitchons.

Ainsi qu'un mystérieux « ratakoum », cri de l'inévitable marchand de loukoums lancé par le « sidi[38] » de service.

Axe central et inévitable tête de Turc, Pignol en touriste lyonnais, qui se fait chambrer par deux « guides », dont Étienne le Fada[39].

Le fameux décor des conjurés provocateurs est bien là, déroulé comme une bannière. Nous sommes sur le Vieux-Port, côté mairie puisque l'on voit la Bonne Mère et le pont transbordeur à droite. Ce prologue servira de toile de fond à toute l'œuvre théâtrale des opérettes marseillaises, particulièrement pour *Un de la Canebière*, où l'on pourra écouter en ambiance sonore tous les bruits de la ville lors du lever de rideau, et dans les enregistrements phonographiques d'Alibert.

---

37. Cité par Horace Bertin dans *Les heures marseillaises*, 1877, édition Qui Vive, réédition 2004.
38. Depuis le XVIIIe siècle, il y a des Orientaux dans le théâtre marseillais : Égyptiens, Turcs, Arabes.
39. Chanteur des rues de Marseille pendant les années trente.

2e tableau

Le cireur marseillais : Delmont, Rioldo, Farius, Suzy, Flament, Marguet Villy. Très célèbres à l'époque, les petits cireurs (de misérables émigrés napolitains) sont une des figures emblématiques de la débrouille, qui n'avaient rien à envier à ceux de Broadway. Delmont chante sur l'air d'*American cireur*, et Marguet Villy sur celui de *Fais ça pour moi*, une analyse de caractères. Ils campent des portraits psychologiques de quelques types marseillais par le biais de leurs chaussures. Le thème du cireur sera repris dans l'opérette de 1938 : *Le Roi des galéjeurs*, avec *La chanson du cireur marseillais* qui sera interprétée par Alibert. Ici, c'est Dominique qui « astique[40] » Mme Jobastre.

C'est moi que je suis Dominique
Le petit cireur du Vieux-Port
Tout le monde connaît ma boutique[41]
Pour cirer, je suis le plus fort.

40. Ici « astiquer » signifie : frotter amoureusement.
41. Allusion érotique pour désigner la braguette du pantalon.

3e tableau

Le retour de Fanny :

Jenny Helia et Sabor, l'oncle Arnest (comme on dit à Marseille avec l'accent, au lieu d'Ernest). En rappel de l'œuvre de Pagnol, le sujet évoque le retour de Fanny à Marseille très attendue par son oncle qu'elle est venu embrasser entre deux relâches. (Le 5 décembre 1931, la première de la pièce de Pagnol est à l'affiche du théâtre de Paris.) Sur l'air de *En parlant un peu de Paris,* Fanny remercie la capitale de l'avoir couronnée, avant de repartir vers ses brumes du « Nord ». Elle sait qu'elle ne pourra plus les quitter. (Ce fut le lot de tous ces acteurs méridionaux qui firent leur carrière... en exil.) Nostalgie autobiographique de Marc Cab, mais profession de foi de Sarvil qui déplore l'ingratitude méridionale de l'époque et qui fait chanter à Jenny Helia.

Je repars vers le Grand Paris
Qui fut pour moi si gentil
Je dois à Marseille
Des joies sans pareil
Mais là-bas tout m'a souri
Mon succès Paris c'est à toi
C'est à toi seul que je le dois

4e tableau

Chichois joue *Hernani* :

Entrée de cirque par Gorlett et Sarvil.

Cette parodie du classique de Victor Hugo est directement issue du cabaret du Chat Rieur à Marseille, où nos deux larrons l'avaient déjà rodée en 1929. En 1931, Sarvil était aussi l'auteur de nombreuses loufoqueries radiophoniques (8 sketches) en duo avec Raimu et plus tard avec Terris (1936). En 1932, avec Pierre Dac, il « parodie » Cyrano de Rostand à la Lune Rousse. Le personnage de Chichois sera repris dans *Au pays du soleil* (1932-1933), il deviendra ainsi le premier modèle et l'archétype de comique du théâtre de Sarvil.

Gorlett, garçon de café, l'auguste Ruy Gomez, est impayable dans ce sketch, servi par l'auteur/Hernani ; faire-valoir qui connaît toutes les chutes et mène les effets comiques à leur paroxysme.

Ce sera le sommet de la drôlerie en ce printemps 1932.

GORLETT

Raimu spectateur,
Gorlett et Sarvil dans *Hernani*,
dessinés par Domy. ►

5e tableau

Le cabanon de Fadoly ou Tu as le bonjour de l'épicier : Delmont, Sabor, Rioldo, Pignol, Marthe Marty, Blanche Suzy, Jenny Helia, Alibert.

Morceau de bravoure de Delmont dans l'inévitable partie de cabanon. Le thème sera évidemment repris et remanié dans *Au pays du soleil*, il s'intitulera *Le cabanon de Bouffetranche*. Le tableau, véritable saynète, clôture la fin du premier acte. Nous y entendrons le célèbre *Zou un peu d'aïoli*, la seule musique de Vincent Scotto écrite pour la revue. Si ce n'est pas la chanson initiale du duo, c'est en tout cas le premier ballon d'essai des opérettes à venir, le début d'une longue série de succès. Sarvil, suivant son habitude de chansonnier (qu'il exerce parallèlement) intègre un couplet politique et satirique qui disparaîtra quelques jours plus tard dans la version définitive[42]. Nous aurions pu y entendre :

Gastounet (Domergue, pas Defferre, NDA) *si sympathique*
Vient d'écrire à Paul Doumer
Ne soit plus neurasthénique
Popol soit gai rit donc mon cher (guéridon, NDA)
Sans galéjades
Es-tu malade
Si ç'a n'va pas
Chante ce refrain-là
Si parfois Pierre Laval t'ennuie
Si Tardieu te crée des soucis

Zou Zou un peu d'aïoli (D'ail au lit ! NDA)

42. Le président Paul Doumer sera assassiné le 6 mai.

Final de la première partie

Entracte

Taps[43]

43. Taps : Terme anglais qui désigne le rideau neutre derrière le rideau rouge qui servira lors des intertableaux pour changer les décors, faire une annonce ou une animation.
Cf. Traité de scénographie de Pierre Fonrel, Librairie théâtrale, 1944.

6e tableau

Devant le rideau baissé, pendant que l'on prépare le nouveau décor, on assiste à un long monologue de Sarvil en forme de galéjade et d'éloge de la cuisine provençale, versification de chansonnier et jeux de mots du style : *Tous les soucis sont* (saucisson, NDA) *de Lyon.* Cet intermède a surtout pour fonction de préparer et de présenter la prestation de la vedette Henri Alibert. Comme à l'époque du café-concert, un minitour de chant est intercalé dans le spectacle juste avant l'entracte. Cinq chansons seront interprétées dont la fameuse *Chanson du cabanon* de Fortuné Cadet, César Labitte et Andrés Mas qui date déjà de 1919 (au lendemain de la Grande Guerre), mais la fin est bien trop mortifère pour le spectacle puisque l'idéologie se veut résolument tournée vers la joie de vivre et non plus vers la nostalgie du mourir glorieux fût-ce :

Comme dans un rêve
Un soir au cabanon.

D'ailleurs, ce chef-d'œuvre est en total décalage avec l'époque et le sketch précédent, Sarvil s'en souviendra et « construira » en 1936 son cabanon pour *Un de la Canebière* « pas plus grand qu'un mouchoir de poche », mais beaucoup plus attrayant. Le ton sera définitivement donné avec la chanson *Angèle,* joyeuse tarentelle napolitaine dont il a écrit paroles et musique, puis en duo avec Alibert *Ils chanteront comme des cigales.*

Sous le soleil sera la chanson du final sur une musique de Sellers et les lyrics de René Sarvil.

2e acte

7e tableau

Les poissonnières marseillaises d'Andrés Mas : Farius, Rioldo, Marthe Marty, Blanche Suzy, Marguett Villy, Jenny Helia puis Castel (travesti).

La scène se passe aux halles Delacroix[44], ponctuée de refrains d'emprunt. Tous les thèmes malveillants d'honnêteté qui déjà se colportent sur cette vénérable corporation vont y passer. À l'origine, la fonction était exercée par les Génoises qui auront beaucoup de difficultés pour faire le poids avec leurs balances romaines. En réalité, cela est dû à la mise en place en 1840[45] du nouveau système de mesure mal assimilé et surtout accepté avec mauvaise grâce par ces dames qui feront de la résistance culturelle.

Le travesti comique.

Nous retrouvons ici le thème de Sarvil qui, pour son usine de sardines marseillaises (*Un de la Canebière*), reprendra la formule avec dix à la douzaine… dans une boîte pour faire « au plus juste ».

De même, les interpellations cryptées à caractère sexuel laissent à penser que tout ce beau monde ne semble vivre que pour l'amour, mais dans la respectabilité. Gare à qui s'aviserait de *chasper* sous les jupes en *boutis*… sans y avoir auparavant été fortement incité. Deux nouveaux personnages apparaissent, Mme de la Croye (celle qui s'en croit), cliente parvenue qui ne comprend pas le patois marseillais ; un peu distante, elle sera l'objet de tous les sarcasmes grivois que l'on peut imaginer. Le personnage du franciot du XIXe deviendra un archétype du théâtre des opérettes marseillaises. Ainsi que l'inévitable comédien travesti dans la plus pure tradition des castrats grotesques napolitains.

---

44. Ex-halle aux poissons située place Léon Jouhaux, quartier Noailles.
45. Victor Gélu le cite dans *Le Myriagramme* en 1840.

Tous les grands comiques marseillais ont investi un jour ce rôle. Sarvil jubilait dans cet exercice, et c'est tout naturellement qu'il créa la Tante Clarisse de Barbentane. Ce texte initial de Mas Andrés est celui qui renferme le plus de rappels de ce vieux Marseille, cité qui vit de la mer. Mais ce sketch va évoluer au fil des représentations et s'enrichir des trouvailles des uns et des autres. Sarvil étant l'oreille et la plume de la troupe, il mettra en forme toutes ces adjonctions spontanées ; c'était généralement l'usage dans ce genre de spectacles. Sans vouloir aucunement minimiser l'impact sur la revue de l'esprit de cet excellent auteur que fut Mas Andrés, qui était d'ailleurs absent (il était alors très âgé), l'on peut considérer que ce texte relève presque de la tradition orale du théâtre marseillais.

Taps

8e tableau

Pendant que l'on change le décor pour préparer le prochain tableau, Gorlett, la vedette comique et la révélation du spectacle (pour les Parisiens), celui que la presse intitule l'homme le plus menteur de la terre – ce qu'il ne dément pas, bien au contraire – va officier devant le rideau dans ce qui restera l'identifiant méridional : la blague marseillaise, illustrée par Marius et Olive. (Selon Sarvil dans ses mémoires, ils ont été son fonds de commerce pendant les années de vaches maigres.)

Sera même annoncé sur le programme un concours de blagues réservé aux spectateurs, primé par une bouillabaisse « emportée » par le lauréat !

C'est bien vrai, ces Marseillais sont des blagueurs !

Le jour se lève enfin sur un bureau de vote, mais auparavant, devant le rideau gris, l'on assiste en guise d'introduction à une tentative de corruption pré-électorale.

9e tableau

Les élections à Marseille, Sabor et Farius : Sur l'air du *Beau tambourinaire* de Zimmerman, nous imaginons tous les poncifs qui vont être utilisés par ce chansonnier satirique qu'est Sarvil. Bien qu'à peine exagéré, le sujet ne fera pas rire tout le monde puisque quelques années plus tard, peut-être à cause de cette charge, *Les Gangsters du château d'If* seront frappés d'interdit puis « libérés » par M. Édouard, présent au spectacle, qui, lui, avait bien perçu la boutade. Pourtant, cette œuvrette était bien en dessous de ce que l'on découvrira par la suite, et ça n'est pas parce que Olive a voté sous trois postiches différents que l'honneur des Marseillais va se trouver terni ; c'est néanmoins ce qui offusquera les adversaires des opérettes.

Enfin, le bureau de vote est « envahi » par le jazz de Sellers, le concours de blagues peut commencer, au diable les urnes, la scène est en folie, passons aux choses sérieuses, la galéjade !

10e tableau

Les bazarettes marseillaises (les partisanes cancanières) : Anaïs, Mme Pitalugue, Nine, et Milaganta, l'adjoint aux Beaux-Arts.

C'est une satire du parler marseillais que construit le petit peuple méridional, qui n'a pas encore bien assimilé le passage du provençal au français. Il s'exprime encore en un francitan phonétique et syncrétique, fait d'emprunts aux différents idiomes italiens et occitans tel que : *Oh qué li fa co ; M. Milaganti, prenez donc ce choux-fleur pour la boutonnière de votre flaquine.*

Le tableau finira sur l'air de *La poulido partisano*, succès de Darbon qu'il chantait en provençal.

Maï regarda l'ou la coua li boulègo.

Final

11e tableau

L'inauguration : Toute la troupe est présente pour le final : César, Escartefigue, Tartarin, Maurin des Maures, Mireille, Fanny, l'Arlésienne, le Délégué, et Chichois/Gorlett (sauf Sarvil qui s'est esquivé à la Lune Rousse pour clôturer son spectacle).

Sur l'air de *Tout l'pays l'a su,* l'on inaugure la statue de Marcel Pagnol, « *plus grand homme que compte Marseille, celui dont tout Marseillais est cousin comme chaque Corse est un peu cousin de Napoléon.* »

Il faut bien le dire, la revue est souvent influencée par l'œuvre du grand Marcel ; c'est même un peu l'objet du genre de la revue qui se doit de coller à l'actualité, et l'actualité à Paris, c'est la découverte de Marius et Fanny.

C'est le bouquet final du spectacle, les comédiens et les auteurs font allégeance dans un prémonitoire discours inaugural d'entrée à l'Académie française concocté par Sarvil, intitulé *Merci Marcel* et déclamé par Chichois. (Pagnol n'y sera intronisé qu'en 1946.) Bien que « ne se montant pas le cou », l'artifice du sketch consiste, à chaque couplet élogieux, à permettre l'élévation d'un cran du cou de la statue qui va perdre la tête à la dernière dithyrambe de ce qui ressemble fortement au credo des conjurés de Montmartre :

Et tout cela nous comble d'aise
Grâce à toi Paris deviendra
Une colonie marseillaise
Ou comme un dieu tu régneras
Et si personne n'y prend garde
Bientôt on verra avec stupeur
La Bonne Mère de la Garde
À la place du Sacré-Cœur !
Vive Pagnol !

René
Sarvil ▶

Georges
◀ Sellers

L'on termine le final sur la chanson de Sellers et Sarvil *Vive Pagnol* qu'enregistrera Roger Ferréol, le directeur du

LE JAZZ MARSEILLAIS DE SELLERS AU RAT MORT.

théâtre, signataire lui aussi des droits de la revue. Sous les vivats de la foule des acteurs qui exécutent une joyeuse farandole, les musiciens accompagneront les spectateurs dans la rue sous des monceaux de mimosas et au son de l'accordéon de Georges Sellers qui entonne à l'envie *Zou zou un peu d'aïoli.* Pour le Parisien conquis, joyeux noctambule, il lui sera possible d'aller terminer la soirée au cabaret Le Rat Mort, place Pigalle (déjà la précédente génération de Méridionaux s'y réunissait, André Chabaud y exposait ses toiles), pour retrouver les artistes de la revue.

Pendant six mois, le succès sera total et on jouera à guichets fermés.

René Sarvil en chef d'orchestre pour le cinéma.

Vincent ◂ Scotto

Alibert ▸

AU PAYS DU SOLEIL, 1933, la troupe en tournée avec Gaby Sims (au centre) remplaçante de Jenny Helia, Alibert et Gorlett à sa gauche, au fond Delmont avec sa casquette d'allumeur de réverbères.
(Sarvil est dissimulé en haut de la photo à gauche, en troisième position.)

Vincent Scotto et René Sarvil au cabanon.

Les Gangsters du château d'If, 1936.

Alibert-Prince danilo de la Galéjade, 1938-1939.

Un de la Canebière,
le 3 septembre 1937, *les pescadous* du Vallon des Auffes.
Reprise aux Variétés de Paris.

Au premier plan en partant de la gauche :
Rellys, Gerlata, Sarvil, Pierrette Caillol et Alibert, Régine Gall et Berki.

1938
–
1939

LE ROI DES GALÉJEURS, Grand Prix du rire.

LE ROI DES GALÉJEURS, final du 1er acte.

LE ROI DES GALÉJEURS
Les durs des durs avec Alibert au centre et Sarvil à sa gauche.

LE ROI DES GALÉJEURS, le carnaval.

Le roi des galéjeurs
La croisière du bonheur, final, 1939.

1940

◀ DARCELYS

GERMAINE ROGER ▶

LES GAUCHOS DE MARSEILLE, 1946, avec Sarvil porteur de valises d'Alibert.

Sortie de l'Alcazar à Marseille pour la reprise des opérettes marseillaises le 7 février 1951.
Alibert est décédé depuis 17 jours.

La lecture de la presse de cette époque nous permet de constater que ce fut véritablement un très gros succès, et que la galéjade allait enfin être prise au sérieux. À partir de ce moment, l'accent sera accepté, voire recherché, et le parler marseillais accède au rang de langue reconnue.

Les sociologues et historiens du spectacle se sont interrogés sur les raisons de ce raz de marée culturel ; elles sont évidemment diverses. S'il est indubitable que l'élément déclenchant fut le succès parisien de Marcel Pagnol en 1929, il serait exagéré de dire qu'il en fut l'inventeur, ni même l'initiateur.

Le théâtre marseillais existait bien avant lui et l'on peut affirmer également, sans porter atteinte à son immense talent, que c'est ce théâtre-là qui a contribué à inspirer son œuvre régionaliste. Les personnages de Pagnol sont directement issus du fonds culturel provençal, massaliote même puisque la trilogie est en réalité une tragédie antique transportée sur le Vieux-Port.

Si la langue utilisée est le français, c'est parce qu'elle est la langue officielle du « culte » dominant. Tout en étant émaillée d'expressions dont l'esprit est bien de chez nous. Marius, Fanny et la Canebière existaient déjà dans l'iconographie régionale du début du siècle. Le parler marseillais, immortalisé par le Toulonnais Raimu, est une particularité sociologique, ainsi que l'accent qui avait été observé auparavant par des voyageurs et des auteurs du XVIIIe siècle.

Ainsi, dire et écrire que les opérettes marseillaises doivent leur notoriété aux personnages tirés de l'œuvre de Pagnol, n'est pas la stricte vérité. Par contre, on peut considérer qu'elles puisent, il est vrai, à la même source d'un patrimoine culturel qui n'appartient pas exclusivement à l'enfant de la Treille.

Le génie de M. Pagnol a été de voir, de raconter, de donner vie à un monde sur le point de disparaître ; ce monde qui va, dans un autre style, renaître un temps sous la férule des trois magiciens de l'opérette que sont les « Trois de la Canebière ».

Ceci étant dit, il faut bien reconnaître que pour un coup d'essai, ce fut un coup de maître et même d'un « mètre cinquante » car la notoriété va largement déborder du cadre étroit du petit théâtre de poche.

Il va falloir refuser du monde pendant toute la saison. On « mange de l'argent » fulmine Alibert qui a pourtant un gros appétit. Il leur faudra être plus ambitieux et transformer l'essai de la *Revue marseillaise*. Scotto vient de composer *J'ai deux amours* et triomphe avec Joséphine Baker. Le cran au-dessus, c'est l'opérette. Sarvil, qui ne rêve que de notoriété, est prêt.

Nos trois de la Canebière arrivent à maturité, ils ont commencé très jeunes, le meilleur reste à venir.

2e acte

Les opérettes marseillaises 1932-1946

La troupe des opérettes marseillaises

La première à Montmartre, le 22 octobre 1932

1 – Alibert	8 – Jenny Helia	15 – Mirtyl	22 – Contel
2 – Sarvil	9 – Marthe Marthy	16 – Gerlata	23 – M. Bauzanquet*
3 – Gorlett	10 – Flament	17 – Favier	24 – M. Descamps*
4 – Georges Sellers*	11 – Marion Gaillard	18 – Renée Dennsy	25 – Rioldo
5 – Delmont	12 – Lou Vilard	19 – Ferrari	26 – Bebert Sellers*
6 – Vilbert	13 – Régine Gall	20 – Vincent Castiglione*	27 – Muret
7 – Gilles	14 – Marguett Villy	21 – Cavillier	Absent : Le petit cireur Lugan

* Musiciens

Un genre qui ferait bon chic, bon « genre » : l'opérette

Affiche qui affirme le genre, pour la première fois apparaît le terme d'opérette marseillaise.

Comme on dit à Marseille pour les jeux de boules, ils vont conserver la « donnée » qui leur a si bien réussi !

Sarvil va reformuler la *Revue* en terme de spectacle honorable, ce qui n'avait été perçu seulement comme un divertissement léger de music-hall.

Au pays du soleil sera la première du répertoire.

Pour Piano et Chant — Pour Chant seul

N° 1

LE PAYS DU SOLEIL

FOX-TROT CHANTÉ PAR **ALIBERT**

dans l'Opérette Marseillaise

"Au Pays du Soleil"

Livret de H. ALIBERT

Lyrics de René SARVIL

Musique de

VINCENT SCOTTO

1. Le Pays du Soleil
2. Un fondu, un momo
3. Miette
4. J'ai rêvé d'une fleur
5. A petits pas
6. Une rose
7. On n' se refait pas

ÉDITIONS
SALABERT
PARIS

VENTE EN GROS :
22, Rue Chauchat, PARIS - 9e

TITRE :	**AU PAYS DU SOLEIL**
ANNÉE	22 octobre 1932
AUTEURS	Musique/V. SCOTTO - Livret/Alibert & R. SARVIL
THÉÂTRE Création	MOULIN DE LA CHANSON à Paris Direction : R. FERRÉOL

CHANSONS :

1/ Le pays du soleil
2/ Un fondu, un momo
3/ Miette
4/ J'ai rêvé d'une fleur
5/ À petits pas
6/ Une rose
7/ On ne se refait pas

ÉDITIONS	SALABERT
LYRICS	René SARVIL

DISTRIBUTION :

Titin .... ALIBERT
Miette .... Jenny HELIA
Chichois .... GORLETT
Bouffetranche .... Henri VILBERT
Mme Anaïs .... Marthe MARTY
Mme Estaci .... GERLATA
Rizoul .... DELMONT
Lisa .... Marguett VILLY
Quart Vittel .... RIOLDO
Francis .... FLAMENT
Mado .... Renée DENNSY
Blanchette .... ALEXANDRENNE
L'inquiet .... SARVIL
Patron du bar .... CONTEL
Carmen .... Régine GALL
le Toulousain .... GILLES
Une fleuriste .... Lou VILARD
L'Anglaise .... Marion GAILLARD
Le sidi .... FAVIER
Le petit cireur .... Le petit LUGAN

MISE EN SCÈNE	Maurice POGGI
ORCHESTRATION	Georges SELLERS
DÉCORS	LANDRIN

Au pays du soleil
1932-1933

Analyse et sociologie

L'action se passe sur le Vieux-Port de Marseille en 1932. Les personnages, les mœurs, la langue et le monde décrits sont encore en usage ; cette histoire va projeter sous nos yeux, en forçant le trait, une société que la modernité est en train de transformer. Les tableaux que l'on va découvrir, reliés par une forte intrigue, reflètent ce que l'on pouvait retrouver çà et là dans les différents quartiers du Marseille des années trente.

Les personnages, Titin, Miette, Chichois, Francis, Bouffetranche, Mme Estaci, Anaïs existent, nous les avons rencontrés !

Fruit de sa parfaite connaissance de la culture provençale, Sarvil a constitué à la fois un reportage ethnographique, une peinture de mœurs et un documentaire à l'usage des futures générations de sociologues. Le ton comique utilisé n'hypothéquant en rien la réalité de l'observation.

Son expérience et sa connaissance du métier l'ont fait opter pour une construction légère et alerte : deux actes, dix tableaux, agrémentés de sept à neuf chansons.

C'est ce schéma que nous retrouverons à chaque fois.

Pour ce premier essai, il choisira de n'introduire qu'un seul comique comme c'est l'usage dans l'opérette lyrique traditionnelle. Une histoire d'amour contrariée mais banale qui finit comme il se doit, très moralement, même si on se trouve en présence de prostituées, de proxénètes, et qu'il y a mort d'homme. La disparition violente d'un personnage (abattu d'un coup de pistolet à bouchon en ombre chinoise derrière le rideau) dès le début de la pièce, n'était pas courant dans un spectacle comique. Elle obéissait pour Sarvil, qui interprétait le rôle, à une impérieuse nécessité qui l'obligeait à rejoindre la Lune Rousse où il devait clôturer à 22 heures un autre spectacle écrit pour Léon Michel, le directeur du cabaret.

C'était déjà le cas dans la *Revue marseillaise*. Après cet incroyable succès, l'été 1932, alors qu'Alibert présente son tour de chant à l'Alhambra de Paris, Sarvil va aménager dans l'urgence, pendant la trêve estivale, un scénario qui reprend quelque peu les idées des personnages et l'esprit de la *Revue marseillaise* (mais il devait tout de même y penser depuis quelque temps).

Scotto a dans sa tête quelques refrains qu'il va convertir en chefs-d'œuvre sur les thèmes que lui proposent ses deux acolytes. C'est la révélation pour la première fois de la valse marseillaise à petits pas[46].

Alibert va restructurer la troupe et le 22 octobre 1932 commence le cycle d'une série de spectacles qui vont entrer dans l'histoire du théâtre national sous le titre d'opérettes marseillaises. La première s'intitulera, pour reprendre en parodiant le titre et l'idéologie du thème mistralien de la république du Soleil : *Au pays du soleil*.

Pourtant, Alibert n'y croit pas lui-même ! Malgré une partition extraordinaire de Vincent Scotto et un livret très cohérent, il pense être tenu de présenter cette « fantaisie marseillaise » aux spectateurs ainsi : « Quelques galéjades et quelques chansons, qui, si elles n'étaient pas appréciées ne seraient pas reconduites. » Cette modestie et cette franchise, car il ne prétend pas faire « œuvre d'auteur » (c'est lui qui le dit et pour cause), relève plus des préoccupations d'un directeur de salle que de celles d'un véritable créateur.

Ce livret qu'il signe évoque fortement l'imaginaire d'un vrai Marseillais et les souvenirs d'enfance de René Sarvil :

46. Qui existait déjà à Marseille dans les années vingt.

la rue Bouterie dans les vieux quartiers du Panier où il a habité avec sa sœur, le *trin*, le *balletti* de Saint-Giniez où résideront ses parents et où, célibataire, il avait domicilié sa première maison d'édition de chansons. Le nom de ce quartier résidentiel marseillais a servi notamment de nom d'artiste à sa femme et collaboratrice, Juliette Clinchart dite Saint-Giniez.

Bruits de coulisses

Comme relaté plus haut dans le chapitre concernant la reconnaissance en paternité, bien que René soit devenu, d'après les termes du contrat du 22 mars 1932, le collaborateur du directeur du théâtre des Deux Ânes, et devant le droit Alibert, le collaborateur de fait de l'auteur, il est clair qu'à partir de ce marché de dupes, c'est Sarvil qui va écrire les livrets. Cependant, celui-ci n'a signé que les lyrics (paroles des chansons qu'il a dû négocier) et en cela son nom figure sur l'affiche, comme stipulé dans ledit contrat. Ceci semble, pour l'instant, le satisfaire.

Ainsi donc, le banc d'essai de la revue a permis de roder le mécanisme et ils vont pouvoir se lancer dans la grande aventure. De cette manière, tout le monde devrait y retrouver son compte, enfin presque ! Car ce n'était pas gagné d'avance. Scotto, qui a pourtant signé les musiques de nombreuses chansons immortelles, n'a toujours pas été reconnu avec ses revues et opérettes parisiennes. Alibert est un excellent chanteur spécialiste de la scène et du phonographe, mais n'a pas encore l'audience nationale qu'il aura après l'aventure avec accent. Paradoxalement, c'est précisément de cette rencontre avec Sarvil que vont être consacrés définitivement sur les planches ces deux monstres du music-hall que sont Alibert et Scotto.

Connaissant ses classiques, Sarvil veut imposer le genre de l'opérette marseillaise et quoiqu'il ait été dit ou écrit, Alibert n'est toujours pas convaincu.

Devant la réussite des représentations, et bien que le prochain spectacle soit déjà dans les cartons, en coulisse les discussions vont bon train. Le commanditaire, ce « cher Henri », malgré l'évidence, ne veut pas en démordre : la recette du succès, c'est la revue ; d'ailleurs il commande à son « nègre » (*cf.* annexes, le courrier du 4 août 1933) une revue de matelots alors que Sarvil lui propose le principe d'une opérette avec Suzanne Chevalier. Fort de son triomphe dans la *Revue marseillaise* où il exécutait, costumé en matelot, son tour de chant, il conserve le schéma et fera monter sur scène (ce qui est une nouveauté) Georges Sellers et son orchestre de jazz habillés en marins qui l'accompagneront pour la « prochaine revue ». Une originalité de plus, un accordéon et des cuivres. Cela contribuera à retrouver l'ambiance des bals-musettes, des *ballettis* marseillais, des *trins* comme l'on dit en Provence.

Puisque l'opérette marche « du feu de dieu », *Au pays du soleil* fait un tabac. Sarvil persiste, et l'on comprend aujourd'hui à la lecture du scénario définitif de *Trois de la marine,* le prochain spectacle, qu'il a su faire valoir son argumentaire. Comme toujours, il a eu raison d'être inflexible car ce sera encore un triomphe et la consécration d'un nouveau genre. M. Henri « sera de la revue », mais il ne perd rien pour attendre. Il sera bientôt :

comme un poisson dans l'eau
sur le plancher des vaches.

Pour l'instant, en ce printemps 1933, il triomphe dans la première des opérettes marseillaises. Mais l'histoire est souvent capricieuse, elle distribue ses hasards heureux ou malheureux et oriente les destinées, à Marseille comme ailleurs. C'est particulièrement sensible sur les troupes de théâtre. En plein succès, la vedette féminine, Jenny Helia, est obligée de s'arrêter pour reposer ses cordes vocales, à moins que ce ne soit pour se reposer de son « directeur » ? et à partir de là, ne paraîtra plus dans les distributions.

Alibert devra alors partir en tournée avec Gaby Sims, son ancienne partenaire. La troupe a abandonné le théâtre de poche, trop exigu, pour se produire à l'Européen, puis aux Variétés de Paris[47], plus tard celui de Marseille (juin 1934).

Pour Gorlett, le tournant fatidique de l'histoire des opérettes marseillaises sera pris l'été 1933[48] par son Hotchkiss blanche, car la vedette sera très gravement accidentée. Par chance, si l'on peut dire, il ne gardera qu'une légère claudication, ce qui ajoutera à son personnage à la Chaplin, mais l'éloignera pendant une année de la scène, en pleine gloire. Cela lui fera perdre sa position d'amuseur numéro un au profit de son suppléant ; statut qu'il ne récupérera plus.

Qui peut remplacer l'irremplaçable ? Sarvil ? Non, il ne joue pas encore les rondeurs comiques, il a encore la ligne et surtout il est toujours sous contrat à la Lune Rousse avec Léon Michel. Il faudra attendre qu'Henri Alibert prenne la direction dudit cabaret pour qu'il puisse libérer son scribe.

Surtout Sarvil connaît le meilleur qui soit, Rellys. N'a-t-il pas gagné le concours de chant de l'Alcazar en 1929 avec une de ses chansons[49]. Ils ont « tourné » ensemble les cachets minables et les arrière-salles des cercles laïques et républicains de la banlieue, mais pas au-delà d'un rayon de cinquante kilomètres, car il lui fallait le temps de pouvoir retourner à la boulangerie de M. Farine (ça ne s'invente pas) rue Guibal pour terminer les viennoiseries qui étaient à ce moment-là l'unique gagne-pain du comique.

C'est là que Sarvil viendra chercher son acteur fétiche toutes les semaines, en l'appelant par le soupirail du boulevard National : « Oh ! Brioche, tu viens ! » De ces virées, par sa faculté de se mettre en colère, bref de partir en brioche, Rellys héritera de ce sobriquet que lui donnera son ami. Ce Brioche-là, c'est du pain béni.

De son vrai nom Henri Bourelly, Rellys est de la Bourdonnière. Il se révélera être un très grand acteur, très fin chanteur et sans doute le plus grand comique que Marseille

---

47. La tournée passera également au Pavillon, aux Folies-Wagram, à l'Alhambra, aux Folies-Belleville, aux théâtres des Thermes et de Cluny.

48. L'avant-veille des débuts de la tournée au Pathé-Palace de Marseille.

49. *Je suis content d'avoir fait ça* de Sarvil et Delaigue chez Allard éditeurs, chanté en premier par William Brown.

ait possédé ; il contribuera largement aux succès des opérettes marseillaises. Désormais, Sarvil va écrire des rôles sur mesure pour lui, et lorsque Gorlett sera rétabli, ils reconstitueront avec Alibert la célèbre équipe de la bande dessinée *Les Pieds Nickelés*, mais surtout les trois fortiches de la Canebière.

Ainsi donc, après la défection forcée de Gorlett, Rellys reprend le rôle de Chichois qu'il apprend en deux jours en coulisses, et à chacune de ses sorties de scène, il s'impose progressivement comme le comique numéro un.

Entre les avant-premières, les créations, la tournée, la préparation du nouveau spectacle, règne une intense activité en cette année 1933.

Les personnages

TITIN : Diminutif de Baptistin, lui-même diminutif de Baptiste. Les Génois s'appelaient souvent Jean-Baptiste ; ce personnage de jeune premier est un archétype de Méridional tel qu'aimait l'imaginer la capitale. Brave garçon, mais qui préfère jouer aux boules que de travailler dans le restaurant de sa mère.

MIETTE : Contraction de Mariette, petite Marie ; Audran a composé une opérette lyrique qui porte ce prénom (1880). Alexandre Dumas en a fait une héroïne de roman. Ici, la jeune première évoque les bouquetières du cours Saint-Louis telles que les a décrites Horace Bertin, de celles qui vendaient des violettes à Racquel Meller. La plus célèbre dans la légende de l'Alcazar connue sous le nom de la Quique. Miette est une Fanny florale.

CHICHOIS : Diminutif de François. Sarvil reprend ici le nom du personnage du traditionnel théâtre comique du même nom, celui de son mentor : Chichoa, cette troupe familiale qui sillonnait la Provence au XIXe siècle et jouait au canevas des intrigues burlesques. C'est aussi le prénom du héros du théâtre de Bénédit, archétype et ancêtre des *nervis* marseillais. Ici, cuisinier du restaurant dont la spécialité est de faire une soupe de poissons sans poissons. Aujourd'hui ce serait une arnaque, au siècle précédent, c'était une pratique de pauvres qui consistait à faire bouillir des pierres recouvertes d'algues pour donner du goût à *l'aigo boulido* ; en 1932, c'est un gag. Cela s'appelait dans le parler marseillais : l'eau fadade.

FRANCIS : Le *nervi* de service. Inspiré d'un fait divers relaté dans *Le Petit Marseillais* : c'est l'évocation d'un frère de Carbone qui avait assassiné un proxénète dans la rue Bouterie en 1930 et que Sabiani avait honteusement protégé aux assises. C'est aussi le prénom du Kid de Marseille, champion du monde de boxe marseillais (1925). Francis Buoenaguera, gloire locale, est le cousin du célèbre Lydro Spirito, bras droit de Carbone. Déjà présent à la première de la *Revue*, cette proximité embarrassante contribuera à ternir l'image du répertoire marseillais. D'ailleurs, le 10 juillet 1932, il était l'acteur privilégié d'un championnat du monde truqué et organisé par son cousin contre l'« Américain » Al Brown[50]. Scandale qui impose à Paris l'image d'un Marseille réplique du Chicago d'Al Capone. Cette image resurgira plusieurs années après.

L'INQUIET : Un souteneur à moustaches fines de circonstance, borsalino vert comme marque de fabrique. L'assassiné de la rue Bouterie. Rôle que s'attribue Sarvil.

BOUFFETRANCHE : Vieux monsieur fortuné (il doit avoir 45 ans, pour l'époque c'est un vieillard) qui courtise Miette. Personnage classique du vieux barbon de vaudeville. Il est le propriétaire du cabanon où se situe le dénouement de la pièce.

MME ESTACI : Littéralement *ensuqué* en français de Marseille, une endormie ; personnage de franciot déjà présent dans la *Revue*. Type *d'estrangé* à l'esprit moins vif que les autochtones.

50. *Les parrains corses,* de J. Follorou et V. Nouzille, Fayard, 2004. Sarvil et Scotto en firent une chanson : *Ce fut un beau combat,* 1934.

MUSSOLINI : Le chat de Mme Estaci. L'actualité satirique du temps l'affublera de nom évolutif ; en 1970, l'objet de la convoitise de Chichois deviendra Pompidou ; aujourd'hui, il s'appellerait certainement Raffarin ou Fabius.

MADO : Prostituée au grand cœur, respectueuse s'il en est. Ce n'est pas une image romantique de littérature, mais dans les vieux quartiers, les maisons pauvres et honnêtes jouxtaient les bals « nègres » et les bordels. Solidarité de la précarité oblige, les « voisines » s'entraidaient et les enfants de ces « filles perdues » étaient élevées selon la plus rigide des morales religieuses.

Promenade en neuf tableaux dans le Marseille des années trente

Le premier tableau nous ramène vers le marché aux moules de la rue Fortia. C'était aussi le décor de l'ouverture de la *Revue marseillaise*.

Le second tableau, c'est l'inévitable partie de boules que les Parisiens ne connaissent pas encore, avec tout son cortège de simagrées, de roublardises plus ou moins feintes.

Sur les planches du théâtre du Moulin de la Chanson, une astuce scénique de Marcel Poggi, sous le *cagnart* d'un éclairage cru et violent, donnait l'impression aux spectateurs de participer réellement à une partie de pétanque dans les allées du Prado. (Pagnol reprendra en 1936 la partie de boules dans le film *César*.)

Le troisième tableau rappelle le quadrilatère du cours Saint-Louis et ses bouquetières qui font partie de la mémoire de Marseille. À l'époque, tous ces kiosques alimentaient en fleurs les théâtres[51].

Le quatrième tableau, c'est la célèbre rue Bouterie. Aujourd'hui disparue, démolie par les Allemands en 1943 avec une partie des vieux quartiers. C'était le centre du

51. Sarvil apprit la mort d'Alibert par une bouquetière, alors qu'il se rendait à l'Alcazar pour diriger les répétitions de la reprise de leur premier succès. *Cf. Le Méridional* du 21 janvier 1951.

grand lupanar que raconte Suares. Le naïf qui s'aventurait dans ce dédale de l'amour tarifé y perdait son chapeau, quelques francs et parfois la santé.

Le cinquième tableau nous amène au *trin* de Saint-Giniez (en bas de la rue Paradis) : c'est la nostalgie des bals de quartiers que l'on dressait sur les places de village, accompagnés au cornet à piston puis à l'accordéon. *Li sian mail lou trin di San-Giniez* était une expression provençale révélatrice de sa primauté.

Le deuxième acte s'ouvre sur la typique partie de pêche. Sans lien direct avec l'intrigue, elle sert néanmoins à introduire et installer son corollaire, la partie de cabanon.

Le rideau se lève au septième tableau sur le cabanon de Bouffetranche, réplique identique de celui de Fadoly de la *Revue*. Le thème n'a pas subi de retouches car le cabanon marseillais d'avant-guerre, fortement ancré dans l'imaginaire et dans la culture, c'est plus un art de vivre, toutes classes confondues, qu'une réalité immobilière. Il représente une joyeuse utopie prolétarienne qui retrouve, le temps d'un dimanche, les racines des chasseurs cueilleurs de l'origine. On conservera, ce qui est exceptionnel, une chanson de la *Revue* « Zou un peu d'aïoli ».

Le huitième tableau, c'est l'*Ave Maria* païen de l'opérette marseillaise, la visite à la Bonne Mère de la Garde (*dixit* le programme). Pas de grandiloquente musique d'orgues, pas de musique du tout d'ailleurs, ce sera une émouvante et belle invocation, un récitatif de Miette soutenue par Mado la prostituée au grand cœur, virginale pour la circonstance. En toile de fond, le décor de la colline de la Vierge de la Garde, l'étendard de la révolte des conjurés de Montmartre.

Le final représente la fête de l'ail, idée d'Alibert, traditionnellement installée depuis plus d'un siècle aux allées de Meillhan ; c'est encore de nos jours un moment d'importance dans la vie culturelle des Marseillais, certainement dû à son rapport au passé plus important que la rencontre marchande ou culinaire qu'il recouvre. Mais qui saura encore faire un véritable « aïet » ? Les grands traiteurs faisant comme Chichois sa bouillabaisse, des aïolis sans ail pour s'ajuster à la demande de la clientèle de la rue Paradis, aujourd'hui devenu le quartier chic de Marseille.

D'apparence folklorique, ce dernier tableau est une inconsciente revendication identitaire car nous n'oublierons pas que dans le regard néocolonialiste posé à cette époque sur la culture provençale, le Marseillais est réputé pour sentir mauvais… *il sent l'ail*[52].

Le rideau tombe sur la merveilleuse musique de Vincent Scotto et un nouveau triomphe annonciateur d'un genre qui se met en place.

52. *Cf. J'ai l'accent* de Recagno et Chabrand, 1931, chantée par Andrée Turcy.

Un nouveau Succès des Auteurs de "Au Pays du Soleil"

1\.

A TOULON

Marche 6/8 chantée par ALIBERT

Chanson du Film

Studio F. Bonnet

1\. - **A TOULON,** Marche 6/8 chantée par ALIBERT.
2\. - **SUR LE PLANCHER DES VACHES,** Valse-Musette chantée par ALIBERT.
3\. - **L'AMOUR EST UNE ÉTOILE,** Tango chanté par ALIBERT et GABY SIMS.
4\. - **DEPUIS... J'AI PEUR DE TOUT.** Slow-Fox chanté par ALIBERT
5\. - **JE NE SAIS PAS CE QUI M'ATTIE ,** Slow-Fox chanté par ALIBERT.
6\. - **VIENS DANS MA KASBAH,** Chanson Arabe.
7\. - **DE L'EAU... DU SAVON... DU SOLEIL...** Fox-Trot chanté

ÉDITIONS SALABERT - PARIS

Vente en Gros : 22, Rue Chauchat, Paris-9e

Titre :	**Trois de la marine**
Année	19 décembre 1933
Auteurs	Musique/V. Scotto Livret/Alibert, R. Sarvil, R. Vinci & Marc Cab
Théâtre Création	L'Ambigu Comique de Paris Direction : Fernand Rivers

Chansons :

1/ À Toulon
2/ Sur le plancher des vaches
3/ L'amour est une étoile
4/ Depuis j'ai peur de tout
5/ Je ne sais pas ce qui m'attire
6/ Viens dans ma casbah
7/ De l'eau, du savon, du soleil

Éditions	Salabert
Lyrics	René Sarvil

Distribution :

Antonin .... Alibert
Papillote .... Cadet Rivers
Favouille .... rellys
Dora .... Paulette Rama
Keffers .... Flament
Rosette .... Gaby Sims
Mme de l'Escoube .... Gerlata

Mise en scène	Maurice Poggi
Orchestration	Georges Sellers
Décors	Jean Julien

Trois de la marine
1933-1934

Analyse et sociologie

La seconde des opérettes de la série verra le jour le 19 décembre 1933, au théâtre de l'Ambigu Comique de Paris, alors sous la direction de Fernand Rivers qui imposera son frère Rivers Cadet pour le rôle de Papillote, le contre-comique.

En 1927, la littérature de Pierre Mac Orlan et son *Quai des brumes*[53] font découvrir les bas-fonds des villes portuaires, ce qui permettra bien plus tard que tous les marins du monde y jettent leur « *Ancre de miséricorde*[54] ».

En 1928, Raimu le Toulonnais avait triomphé (sans son accent) au théâtre à Paris dans *Coup de roulis,* une opérette d'Albert Willemetz et André Messager.

En cette fin d'année donc, la marine est à l'honneur depuis le film *Capitaine Craddock* de 1931 et sa célèbre chanson *Les gars de la marine*. La mode est à la revue de matelots.

Alibert, opportuniste et fort du triomphe de sa troupe dans la *Revue marseillaise,* étudie une proposition de scénario avec un autre auteur, Marc Cab (malgré le succès de la première opérette). Il souhaite monter une grande revue de matelots.

---

53. *Le Quai des brumes* de Pierre Mac Orlan, P. Gallimard, 1927.
54. *Ancre de miséricorde* de Pierre Mac Orlan, éditions Émile-Paul Frères, 1941.

Dans l'intervalle, Sarvil lui propose ce qui ressemble fort à une opérette ; il aurait eu tort de ne pas persister dans le succès.

Finalement, les deux compères tomberont d'accord, c'est l'idée de Sarvil qui prévaudra.

Les deux scénarios seront mixés et deviendront *Trois de la marine* sur les affiches des disques Pathé, superbement illustrées par Paul Collin ; *Revue de matelots* sur les programmes de l'Ambigu.

Opérette-revue, pour Alibert cette idée lui tient à cœur car dans son tour de chant au théâtre du Moulin de la Chanson, c'est en matelot à pompon rouge qu'il emporte la mise avec son accordéoniste Sellers, tous deux sur scène comme sur un bateau.

Plus tard, le procédé « s'industrialisera » et l'on entendra sur scène la musique de l'équipage de la flotte pour l'ouverture et le final : uniformes, clairons et tambours, comme aux plus belles prises d'armes de l'arsenal de Toulon.

Cette deuxième opérette, car cela en est une, ne s'appelle pas encore « marseillaise » tout simplement parce qu'elle se déroule à Toulon, et que le genre n'est pas encore installé. Le qualificatif relevé par le journaliste G. Field en 1932 ne prévaut seulement que pour *Au pays du soleil*.

Toulon, premier port de guerre de l'escadre de la Méditerranée, sert de cadre à Sarvil pour situer son histoire d'espionnage et de marins en goguette. La construction à trois personnages avec deux comiques est nouvelle, assortie d'une scène de travestis burlesques, elle sera un succès. La pièce se joue en deux actes et seize tableaux (c'est un record). La partition de Scotto est très réussie, il y a sept chansons dont une marche 6/8 *À Toulon,* qui servira de martial thème conducteur. Les costumes sont de véritables tenues militaires de belle facture ; les bérets et les pompons rouges français sont à cette époque aimés dans le monde entier même s'ils font « suer le burnous » aux filles de Bizerte. La chanson arabe qui est interprétée *Viens dans ma casbah,* tradition du café-concert, est surtout une opportunité depuis le succès du *Comte Obligado* et de *La fille du bédouin*[55].

Alibert est au mieux de sa forme ; il gardera de cette épopée maritime un superbe portrait qu'a fait de lui Jean Julien, Prix de Rome, décorateur du plafond de l'Opéra de Marseille que Sarvil lui a présenté, et les opérettes marseillaises vont bénéficier du meilleur décorateur qui soit. Un élément non négligeable pour la pérennisation de la mémoire et la respectabilité de l'œuvre, il ne fera ensuite que les maquettes.

La troupe part en tournée avec Lafourcade aux Variétés de Marseille le 16 juin 1934, et avec Sarvil à l'Odéon qui est obligé d'assurer un intérim.

On a pu dire, car nul n'étant prophète en son pays, que les opérettes marseillaises n'étaient qu'un produit d'exportation qui aurait triomphé uniquement dans la capitale ; ce serait faire insulte au public local que de persister dans cette légende. Si ce n'était pour des raisons économiques, nous pourrions presque dire le contraire : qu'après les avant-premières à Lyon, les spectacles étaient « rodés » à Paris pour être ensuite présentés à domicile devant son public, le plus souvent devant leur famille, leurs amis et une galerie d'initiés à la galéjade méridionale et aux subtilités de l'esprit marseillais. C'est à l'Odéon de Marseille qu'on présentait toutes ces œuvres avec à la clé un succès considérable pour « les premières en tournée » et la découverte du genre.

Paris valait bien une messe… mais pas plus !

Ensuite notre joyeuse équipe « remonte » à Paris terminer la saison aux Deux Ânes, Alibert venant de prendre la direction de cette salle parisienne.

Car tout ce petit monde vit à Paris, il ne vient dans le Midi que pour les vacances. C'est d'ailleurs au cours d'une de ces visites que Gorlett a eu son accident de voiture, mais il s'en est réchappé (sans jeux de mots) ; il va réintégrer le groupe et pouvoir participer à la création de la nouvelle opérette.

---

55. *La fille du bédouin* de Raoul Moréty et Alain Barde, 1927.

Les personnages

ANTONIN : Jeune premier, courageux, insouciant et heureux de vivre, honnête dans ses sentiments. Prénom provençal traditionnel, c'est celui de Berval, ami du couple Sarvil, originaire de Carpentras comme Alibert, son rival le plus sérieux.

PAPILLOTE : Premier comique un peu niais, écrit pour Gorlett. C'est Rellys, le rouquin, qui sera consacré par ce rôle. La papillote est un accommodement de la cuisson des rougets de roches.

FAVOUILLE : Second comique, un peu naïf mais perspicace : la favouille est un petit crabe qui grouille avec ses congénères et qui se déplace latéralement. Tout un programme.

Papillote et Favouille sont les deux parfaits valets de comédie. Avec Antonin, ils forment le trio des Marx Brothers reconstitué.

NINE, THÉRÈSE, LOUISE : Fiancées des précédents. Les *bugadières* du Pont-du-Las ; Sarvil s'est souvenu que tout comme Mayol, il est né dans ce quartier de Toulon. Ses lavandières, si elles ne sont pas du Portugal, blanchissent tout de même l'équipage de la flotte au mouillage. Elles font pâlir de jalousie les sous-officiers qui ne peuvent s'offrir l'amour de pareille Madame sans-gêne. Petites mains provençales, des pénélopes réservées à nos trois héros, qui, comme tous les marins du monde, ont une femme dans chaque port.

YVONNEC : La peau de vache.

KIEFFER : Le traître.

Le capitaine (le commandant), les seconds et les officiers de *L'Indomptable* portent des noms à consonance bretonne. C'est un des nœuds psychologiques de l'intrigue ; si les petits gars de la marine sont sympathiques, c'est qu'ils sont de chez nous ; les cadres antipathiques sont de Brest, c'est parmi eux qu'il faudra rechercher le traître. C'est tout l'affrontement manichéen nord-sud, un autre impérialisme culturel qui considère les marins de Méditerranée comme des marins d'eau douce ou d'opérettes. Mais aussi une esquisse de la paranoïa ambiante de l'époque, exacerbée depuis l'affaire du XVe corps où, début 1914, les Provençaux avaient été accusés à tort de défaitisme.

Mme de L'Escoube : Comique féminin, franciote de la pièce. Sous son faux aspect nobiliaire, l'on se moque gentiment de ce personnage artificiellement distingué qui parle pointu, en l'affublant d'un patronyme qui, en provençal, désigne un panier servant à recueillir les balayures.

Malou : Une garce, entre Mata Hari et Rita Hayworth dans *L'Intrigante du Saratoga*. Vamp à l'américaine, nouvel archétype de cinéma qui consume insolemment en toutes circonstances et en tout lieu des Abdulhah[56] qui « volutent » au bout de vertigineux fume-cigarettes.

3 de la Marine

56. Abdulhah : marque de cigarettes de luxe dans les années trente.

ADIEU! VENISE PROVENÇALE

N° 1

FOX-TROT Chanté par **ALIBERT**

DANS "ZOU ! LE MIDI BOUGE"

(Arènes Joyeuses)

Opérette-Revue en 2 Actes et 16 Tableaux
présentée par **HENRI VARNA** à l'ALCAZAR

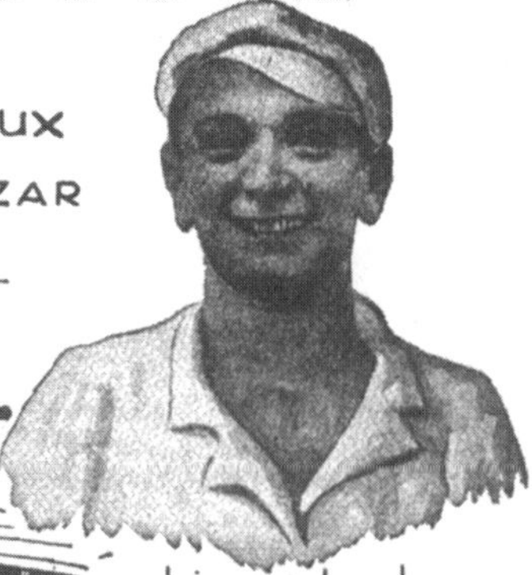

Livret de
H. ALIBERT

Lyrics de
R. SARVIL

Musique de
VINCENT SCOTTO

1-*Adieu ! Venise Provençale. Fox-Trot chanté.
2-*Pas d'autre femme. Valse chantée.
3-*La rose rouge. Rumba chantée.
4-*Chez vous en Espagne. Paso-Doble chanté.
5-*Théréson... t'as raison. Valse-Musette chantée.
6-*Fais pas l'couillon. Marche chantée.
7- Gangster... Bootleger. Fox-Trot chanté.
8- Violette, Pervenche et Marguerite. Fox-Trot chanté.

Les chansons précédées d'un * sont enregistrées par **ALIBERT** sur Disques **"PATHÉ"**

ÉDITIONS SALABERT - PARIS (22, Rue Chauchat)
(Printed in France)

TITRE :	**ZOU LE MIDI BOUGE** **ARÈNES JOYEUSES**
ANNÉE	8 décembre 1934
AUTEURS	Musique/V. SCOTTO - Livret/Alibert, R. SARVIL, R. VINCI
THÉÂTRE Création	L'ALCAZAR de Paris Direction : H. VARNA Directeur artistique : E. AUDIFFRED

CHANSONS :

1/ Adieu Venise provençale
2/ Pas d'autre femme
3/ La rose rouge
4/ Chez vous en Espagne
5/ Thereson… T'as raison
6/ Fais pas l'couillon
7/ Gangster… Bootleger
8/ Violette, Pervenche et Marguerite

ÉDITIONS	SALABERT
LYRICS	René SARVIL

DISTRIBUTION :

Rémy .... ALIBERT
Fadoli .... GORLETT
Escopette .... BAZIN
Ficelle .... DRANYS
M. Molinar.............................. Richard HARNOLD
Mme Molinar .... Simone ZIDNER
Marguerite .... Régine GALL
Violette .... Marguet VILLY
Pervenche .... Ginette DAREY
Thereson .... Sidonie BABA
Cabissol .... GILLES
Chico .... Jean ROSENA

MISE EN SCÈNE	Maurice POGGI
ORCHESTRATION	Georges SELLERS
DÉCORS	Jean JULIEN

Zou le Midi bouge
Arènes joyeuses
1934-1935

Analyse et sociologie

Après le succès de *Zou un peu d'aïoli* qui est sur toutes les lèvres, les auteurs vont reprendre l'interjection provençale « zou » pour illustrer la dynamique régionaliste et culturelle qui se met en place.

Le titre initial sera accompagné d'un sous-titre « Arènes joyeuses » visiblement parodié du célèbre roman de Blasco Ibanez *Arènes sanglantes* de 1923 (qui fait l'apologie de la corrida espagnole).

Le sous-titre qui se veut un contre-pied galéjeur, deviendra le titre de référence. Plus s'estompe la culture postfélibréene, moins il restera de trace de l'idiome original ; le film qui en sera tiré en 1964 avec Fernand Reynaud s'intitulera simplement *Arènes joyeuses*. Dubout imposera définitivement le titre dans une affiche magistrale.

Pour obtenir l'imprimatur, et puisqu'il faut faire consacrer ses créations en haut lieu, autant que ce soit le plus haut possible, et pour l'instant, le Bon Dieu des artistes est le Marseillais Henri Vantard (ça ne s'invente pas) dit Varna, auteur de chansons de revues et directeur du prestigieux Alcazar de Paris (le Palace).

Ainsi, le 8 décembre 1934 débute *Zou le Midi bouge, Arènes joyeuses*. Le titre fait un peu racoleur et revue, mais le spectacle est de la même veine que les précédents.

La Provence est une terre de taureaux[57] qui a toujours été agitée par deux courants, celui des partisans de la course camarguaise de la Provence profonde[58], et celui de la course de *muerte* à l'espagnole. À Marseille, on est plutôt partisan de cette dernière qui fut d'ailleurs contrariée par le long règne du maire Flaissière (1923-1931), farouche anti-corrida. À la mort de ce dernier, survenue en 1931, sa dépouille à peine emportée par le char d'arastre, les sempiternelles discussions[59] sur le sujet reprennent de plus belle. C'est de celles-là que Sarvil a tiré l'argument.

Initié à la corrida par son père en 1910 à Oran, il raconte dans ses mémoires la prestation du grand Matchaquito. Il est ami avec Robert Trébor, *apoderado* (imprésario des toreros) à ses heures. *Aficionado* convaincu et averti, il a déjà écrit une chanson à la gloire des picadors *Le roi des picadors* (1928) ; malgré cela et la pression de la commande, il va prendre le parti de Rémy le razeteur provençal.

Le programme de création annonce : « Opérette-revue de Provence » (toujours pas marseillaise). En deux actes et quinze tableaux, si l'annonce est encore ambiguë, la construction nous est familière. Scotto écrira une partition avec huit chansons dont la célèbre *Adieu Venise provençale*.

L'action se situe cette fois vers l'intérieur du littoral, à Martigues, la Venise provençale, puis en pays d'Arles pour la ferrade et dans les arènes de Nîmes pour la corrida finale. Sarvil réintroduit progressivement ses personnages de la *Revue*, qui somme toute donnent une certaine unité et cohérence à son théâtre. Nous voyons réapparaître le Fadoly de la partie de cabanon. Le célèbre trio est reconduit, ce qui est logique devant le succès de ce genre.

Le jeune premier Alibert a maintenant 46 ans !

---

57. *Cf. Deux siècles de tauromachie à Marseille* de Paul Casanova, UBTF, 1990.
58. Les félibres romantiques promotionnent la race camarguaise pour les courses au razet.
59. Le docteur Ribot, nouveau maire, est pro-corrida. Son premier adjoint est Simon Sabiani. *Cf. Des Sauvages en Occident* de F. Saumade, éditions des Sciences de l'Homme, Paris, coll. « Ethnologie », 1994.

Le programme annonce également que ce dernier présente et interprète lui-même cette opérette (qu'il est censé avoir écrite) ; il faut dire que précédemment Rioldo, sa doublure, l'avait souvent remplacé. Cela devait faire mauvais effet auprès du public, inconditionnel de la vedette marseillaise.

Compte-tenu de ce qui précède, l'on sent une reprise en mains du mentor de la troupe, tant dans la construction du scénario que dans la partie chantée ; il n'y a aucun duetto féminin et le morceau vedette qui n'est pas encore *Venise provençale* mais *Chez vous en Espagne*, est un véritable plaidoyer anti-corrida digne de la plus dure idéologie occitane de la préservation de la race, tant camarguaise pour les taureaux que méridionale pour ses officiants.

Chez nous en Provence
La mort n'est jamais l'enjeu de fiers combats
Chez nous en Provence
Le razeteur se défend
Mais il ne tue pas... Voilà... (Tè, prend ça ! NDA)

Heureusement, cette curieuse lithanie postmistralienne n'altère en rien la partition musicale, ce paso doble est de la meilleure facture ; de la même façon la rumba typique *Je ne veux pas d'autre femme que vous,* rattrape les sentiments anti-espagnols puisque c'est *La Rose rouge* de Castille qui est offerte en gage.

On peut dire que ce livret est machiste car le trio féminin est subalterne et sert de faire-valoir à la vedette masculine. C'est Régine Gall, la sœur de Sarvil, qui créera le rôle de Marguerite. C'est un vaudeville musical avec un tour de chant de mestre Alibert. Cela pour le plus grand bonheur des spectateurs. Le café-concert avait consacré un genre appelé martégalade où le naïf martégal faisait office, pour les citadins, de benêt des Hautes-Alpes[60]. Ici, c'est une réhabilitation de l'image de nos Vénitiens méridionaux.

60. Les valets de ferme de la pastorale sont *Pistachié, Jigé*, etc.

Cette « espagnolade » qui transporte les Marx Brothers au pays des cigales, aurait gagné à être présentée devant un auditoire plus local ; malgré le chef-d'œuvre musical *Adieu Venise provençale*, et à un degré moindre *La Rose rouge*, la partition est peu étoffée, le sujet trop polémique, le scénario alambiqué, trop romantique et pas assez comique. Jean-Marie Alibert, journaliste et *fils de*, dira ingénument du livret « de son père » que « celui-ci était raté, que l'on avait du mal à trouver la sortie », et pour faire bonne mesure, comme pour s'enfoncer un peu plus « car, l'histoire, quoique l'on en dise, cela compte. »

Toujours est-il que cette opérette s'éloigne un peu de l'attente du public. Aussi, elle ne reste à l'affiche que neuf mois ; même le retour de Gorlett boitillant et la réintégration de Rellys lors de la tournée à Marseille aux Variétés[61] ne réussiront pas à imposer le spectacle. Il va servir à préparer le prochain.

En 1935, dans cette prémonitoire pochade, Sarvil raconte l'histoire d'une petite Provençale qui semble préférer le brillant torero espagnol, laissant au bord des talanquères nos braves razeteurs martégaux. L'on se gausserait facilement de ce scénario un peu convenu et romantique à souhait, une histoire à l'eau de rose (de Castille) et apparemment complaisante. Pourtant, trente ans plus tard, en 1964, un film en sera tiré, tourné à Méjanes dans le Hollywood camarguais des studios Paul Ricard, avec Fernand Raynaud. Le roi du pastis, qui a « débuté » en 1931 avec la *Revue marseillaise*, protecteur des courses camarguaises et sponsor des razeteurs provençaux, verra sa fille épouser un excellent torero espagnol, César Girón ; dans le même temps, Pierre Cordellier, le brillant chroniqueur tauromachique, deviendra le beau-père de Curro Romero, célèbre torero andalou des années soixante-dix. La fiction théâtrale des comédies de Sarvil s'avérera être souvent très en dessous de la réalité sociologique.

---

61. Rellys ne faisait pas partie de la distribution de la création du 8 décembre 1934.

Les personnages

RÉMY : Gardian, razeteur amateur, casquette et pantalon de toile blanche. Le rôle le plus adapté à notre *Titin des Martigues*[62].

FADOLY : Déclinaison de fada, celui qui a vu les fées, un allumé inoffensif.

ESCOPETTE : Vieux tromblon !... Roublard qui ratisse large ; valet d'épée de Chico/Rémy.

FICELLE : Téméraire, Sarvil utilise pour le contre-comique le surnom d'un qui ne l'était pas vraiment : Spirito dit Beau Ficelle ; son immunité de chansonnier lui permettra d'autres impertinences encore plus risquées, nous le verrons plus loin. (*Cf. Ta gueule Adolf,* 1939.)

PERVENCHE, VIOLETTE, MARGUERITE : Femmes fleurs, thème d'une chanson de Scotto dont il a signé les paroles en 1910. Fiancées de nos héros, les trois filles de mestre Arnaud. Sarvil a écrit en 1931 une chanson qui s'intitulait déjà : *Marchetta, Ramona, Chiquita*.

LES MOLINARD : Objets de plaisanterie, victimes toutes désignées de la galéjade. À Marseille, envoyer quelqu'un à Molinari, c'est l'éconduire « au pégal », c'est-à-dire une destination éloignée et improbable. Les Molinard sont le couple de franciots de service, commanditaires de la course de taureaux.

MESTRE ARNAUD : Propriétaire de la manade. En provençal est dit de quelqu'un qui affabule des contes (comptes) d'apothicaires ou de notaires dit de *mestranaü*[63].

---

62. Film tourné en 1937 avec Pierrette Dubost, musique de Scotto, lyrics de Sarvil.
63. Maître Arnaud de Fabre, notaire véreux ayant sévi à Marseille en 1839.
Cf. Marseille au quotidien de Pierre Echinard, Edisud, 1991.

CHICO : Double personnage transformiste ; le nouveau torero ; Rémy/Chico.

PEPA : Hispanisante Paquita Sol, femme de Pierre Dac. L'Espagnole du premier tableau, mais aussi « la foule » du final, c'est la fonction de ces petits rôles au sein des troupes familiales, comme l'étaient ceux de la compagnie Alibert.

Cette opérette-revue n'a eu, pour des raisons précédemment évoquées, qu'un succès relatif. Néanmoins, elle eut le mérite de constituer pour la première fois le trio magique Alibert–Gorlett–Rellys qui va se roder pour donner sa pleine mesure dans la prochaine construction déjà en gestation dans la tête de Sarvil.

N° 2

LE PLUS BEAU TANGO DU MONDE

TANGO CHANTÉ DANS

"Un de la Canebière"

Opérette de **H. ALIBERT**

Lyrics de **René SARVIL**

Musique de

VINCENT SCOTTO

VINCENT SCOTTO

1. VOUS AVEZ L'ÉCLAT DE LA ROSE - Slow-Fox.
2. LE PLUS BEAU TANGO DU MONDE - Tango.
3. CANE... CANE... CANEBIÈRE - Fox-Trot.
4. UN PETIT CABANON - Valse-Musette
5. J'AIME LA MER COMME UNE FEMME - Slow-Fox
6. LES PESCADOUS OUH! OUH! - Fox-Trot
7. Y EN A QU'UN DANS MARSEILLE - Slow-Fox

Tous ces Airs sont enregistrés par ALIBERT sur disques PATHÉ

ÉDITIONS SALABERT - PARIS

TITRE :	# UN DE LA CANEBIÈRE
ANNÉE	1er octobre 1935
AUTEURS	Musique/V. SCOTTO - Livret/Alibert, R. SARVIL, R. VINCI
THÉÂTRE Création Avant-première*	THÉÂTRE DES CÉLESTINS à Lyon Direction : Ch. MONTCHARMONT Régisseur général : Jean HERBERT

CHANSONS :

1/ Vous avez l'éclat de la rose
2/ Le plus beau tango du monde
3/ Cane Cane Canebière
4/ Un petit cabanon
5/ J'aime la mer comme une femme
6/ Les pescadous
7/ Y en a qu'un dans Marseille

ÉDITIONS	SALABERT
LYRICS	René SARVIL

DISTRIBUTION :

Toinet .... ALIBERT
Girelle .... GORLETT
Pénible .... RELLYS
Francine .... Mireille PONSARD
Malou.................................. Marguett VILLY
Marie .... Régine GALL
Charlot.................................. Ruys DORGHANS
Bien-Aimé des Accoules .... BERKI
Garopoulos .... ROLLA
La Tante Clarisse .... Paquita SOL

MISE EN SCÈNE	Maurice POGGI
ORCHESTRATION	Georges SELLERS
DÉCORS	Jean JULIEN

* Première aux Variétés de Paris du 3 au 22 avril 1936.
Première reprise du 4 septembre au 9 octobre 1937.
Deuxième reprise du 1er septembre 1938 au 11 février 1939.

Un de la Canebière
1935-1936

Analyse et sociologie

Après *Zou*, c'est cette fois-ci l'interjection « Un de » qui est utilisée pour la première fois dans le titre. Cette provençalité équivaut à dire que celui dont on parle est de tel endroit et appartient à cette communauté ; inversement, peut être utilisé de manière péjorative pour signifier qu'il n'est pas d'ici. Par glissement sémantique, mais plus par perte de sens, la dernière version filmée de Maurice de Canonge en 1954, avec Marcel Merkés, Henri Genés et Michel Galabru, s'intitulera *Trois de la Canebière*. Si c'est une concession au marketing, c'est surtout une preuve que la langue n'est plus efficiente.

En 1922, Sarvil, soldat en occupation de la Rhénanie, est alors appelé par ses collègues du 172e régiment d'infanterie « Un de la Canebière » (*cf.* annexes). Même s'il a pu se souvenir du titre de la nouvelle *Un de Baumugnes* écrite en 1929 par Jean Giono, spectateur assidu des opérettes marseillaises en tournée à Manosque, une antériorité du titre doit lui être reconnue.

C'est au cours de l'été 34, pour tout dire le 14 juillet, jour de la Saint-Henri, que les commanditaires du spectacle, Scotto et Alibert, écoutent autour d'une bouillabaisse dans la villa d'Alibert *Les Ondines*, sur la Corniche, le maître d'œuvre qui va leur dévoiler la nouvelle trame du spectacle ; le cadre a été comme d'habitude bien défini et surtout l'obligation, *dixit* Scotto, « d'arrêter les couillonnades napolitaines, d'hommes habillés en femmes », un des délices de Sarvil qui est bien ici dans la tradition du théâtre méditerranéen. Alibert et son beau-père viennent de prendre la direction des Variétés, dirigé par Max Maurey, en déconfiture économique après des échecs répétés. Cette fois « nous allons jouer sur les boulevards » et désormais, il faut « faire dans le sérieux, c'est le théâtre d'Offenbach », déclare, sentencieux Scotto, « celui de Sarah Bernard[64] », renchérit Alibert, admiratif et flatteur.

L'incorrigible Sarvil, fier de lui, présente son personnage de la Tante Clarisse, archétype provençal de vieille femme traditionnellement joué à Marseille par un homme travesti.

Mais cette idée lumineuse a le don d'exaspérer ses acolytes qui espéraient plus de dignité ; on est au bord du *brefounié* (clash). Sarvil, vexé, remballe ses manuscrits et menace de chercher d'autres producteurs si cela ne leur convient pas, convaincu que sans lui, *ils brilleraient tous deux comme des étrons dans une lanterne*.

Scotto s'indigne de son mauvais caractère déjà bien connu, Alibert *s'estouffade* du crime de lèse-majesté, bref, *y a du pét* !

Si en France tout finit par des chansons, dans le Midi c'est par là que tout commence, et finalement cela s'arrange comme par enchantement.

L'un, dépité, trouve que finalement le scénario pourrait être amusant à illustrer ; l'autre, désabusé, tout « comptes » fait(s), imagine ce qu'il peut en tirer.

Une fois de plus, Sarvil n'en a fait qu'à sa tête et il a eu raison ; vient de naître l'immortel chef-d'œuvre marseillais : *Un de la Canebière*.

Scotto a eu la sagesse de ne pas s'emporter, il va écrire la plus magistrale partition qui soit, pas moins de six succès inoubliables sur sept dont *Le plus beau tango du monde, Vous avez l'éclat de la rose, Le petit cabanon, J'aime la mer comme une femme, Les pescadous de la martiale,* et enfin *Cane Cane Canebière,* si célèbre et chère au cœur des Marseillais.

64. En réalité, c'était celui d'Hortense Schneider, l'égérie d'Offenbach.

Alibert a eu raison ce jour-là de « manger son chapeau » puisqu'il va l'échanger contre une couronne de roi de l'opérette.

Sarvil écrit dans ses mémoires : « On attendait, pour commencer les répétitions, le rétablissement de ce pauvre Jo (Gorlett) pour lequel j'avais écrit le rôle de Girelle. Rellys, dans la Tante Clarisse, fut son inoubliable partenaire. Le premier octobre 1935, au théâtre des Célestins à Lyon, Alibert, Gorlett et Rellys, un fameux tiercé marseillais, jouèrent pour la première fois *Un de la Canebière.* Ils connurent ce soir-là le plus gros succès de toute leur carrière. Après les triomphales représentations de Lyon, Alibert et sa compagnie partirent quelques mois en tournée afin de bien roder la pièce, et le 3 avril 1936 elle connut les feux de la rampe du théâtre des Variétés de Paris où elle tint l'affiche trois saisons de suite, pulvérisant tous les records de recettes de nos précédents spectacles. »

Née de la pugnacité de Sarvil qui résiste aux pressions de Scotto et d'Alibert, cette œuvre verra le jour dans sa version non « expurgée » de son travesti.

Reprenant l'idée qui a fait ses preuves depuis la *Revue marseillaise* et qui a contribué à faire découvrir la culture provençale, c'est maintenant sur le petit monde de la pêche que René a jeté ses filets.

Un de la Canebière met en lumière la vie des pêcheurs marseillais à partir d'un lieu minuscule mais emblématique de la millénaire cité phocéenne : le Vallon des Auffes, coincé entre la Vierge de la Garde et le château d'If, dans un véritable décor surréaliste d'opérette.

Une fois encore la réalité est plus forte que la fiction. À tel point que l'on serait en droit de se demander si le cadre naturel n'a pas été arrangé pour abriter le théâtre chanté de nos trois complices. C'est le plus petit port de pêche qui abrite une douzaine de « pointus », ces barques marseillaises à phallus qui feront tant parler la France entière ; ces pêcheurs artisans attrapent dans leurs filets des milliers de sardines, encore plus que Calendal, le pêcheur d'anchois de Mistral.

Après la flotte de guerre de nos *Trois de la marine*, c'est encore l'exploitation d'une recette qui a fait ses preuves et l'affirmation de la supériorité des flottilles de pêche de la Méditerranée sur leurs homologues du monde entier.

À Marseille, le commerce du poisson est exercé depuis le XIXᵉ siècle par les Génois ; leurs petites-filles seront immortalisées dans l'iconographie représentant l'archétype des poissonnières marseillaises. Le marché tenu par des Napolitains se trouve à quelques encablures du Vieux-Port, autour du Lacydon et le Vallon des Auffes.

Au-delà de la bataille pour la définition du genre, s'il est une opérette qui mérite le titre de Marseillaise, c'est bien celle-ci ! Même si le programme annonce toujours une opérette-revue en deux actes, dix tableaux et sept chansons, le succès triomphal va permettre à la presse de tresser des éloges et proposer une tentative de classification : « *Un de la Canebière* n'est ni une opérette ni une revue ni un vaudeville, mais relève des trois genres à la fois ». Comme de coutume, Alibert est toujours signataire du livret qu'il n'a pas écrit, ce qui aujourd'hui pourrait paraître à la limite de l'indécence car Lucien Dubecq considérera « que le scénario se suffirait à lui-même[65] » et ce, malgré l'extrême qualité de la partition musicale de Vincent Scotto. Croyant flatter Alibert, il y trouve parfois des accents de Molière, et Paul Garcia (Lyon, théâtre des Célestins, 1935) annonce « un spectacle sans prétention, mais qui mériterait bien d'en avoir. »

Il faut dire que l'invention de l'intrigue, simple et complexe à la fois mais à rebondissements permanents, la diversité de l'action et sa vitesse d'exécution vont faire de *Un de la Canebière*, l'œuvre accomplie de la saga du petit peuple de Marseille.

Certes, on peut y voir un reliquat de la fameuse idéologie félibréenne sur la primauté de la race qui subsiste encore dans cette société portuaire, devenue pourtant laïque et fort républicaine. Mais on est dans le second degré, et dans la galéjade tout est permis.

---

65. *Cf.* Journal *Candide* du 6 avril 1936.

Après avoir fait aimer la culture provençale et ses produits du terroir (mimosa, violettes...), c'est l'heure des sardines. En effet, un coup de marketing génial va rafraîchir l'image un peu écornée du précédent spectacle. Alibert avec sa troupe, son orchestre et sa faconde, vont distribuer sur le parvis des théâtres quelques souvenirs à tous les spectateurs. Ne faisant pas dans la dentelle, reprenant le vieux thème marseillais du poisson qui *boulègue* la queue, signe encourageant de vitalité sexuelle, ils vont distribuer de prophylactiques petites sardines de papier argenté, qui, ô miracle ! frétillent dans la main lorsque l'on en frotte l'extrémité. Les Marseillais qui étaient présents à l'Odéon pendant la saison 1935-1936 s'en souviennent encore !

C'est à ce moment-là pourtant, en plein triomphe, que Gorlett/Girelle, affublant paradoxalement dans le scénario Rellys/Pénible du désobligeant sobriquet de Scarpia (le traître dans *La Tosca*), va passer à l'ennemi et obliger alors à une restructuration de la compagnie Alibert.

Cette rupture va permettre à Sarvil de prendre le rôle de Girelle et de commencer une brillante carrière d'acteur qu'il n'espérait plus, mais qui va l'éloigner de sa fonction privilégiée de librettiste.

Compte-tenu du succès et de la longévité de la pièce, la distribution subira d'autres modifications, d'autres défections, dont le départ de Mireille Ponsard pour jouer *Au soleil de Marseille* en octobre 1936, nous le verrons plus loin, d'autres trahisons. Rellys notamment, qui va faire un brillant parcours en solo en 1938 ce qui lui ouvrira la porte du Théâtre-Français, mais aussi celle des *cagoinces* de Sarvil qui, de dépit et selon un rituel instauré et inspiré du grand Mayol, y accrochera la photo de Brioche... Dans l'attente d'une réhabilitation, elle y restera plusieurs années.

On va ainsi voir éclore de nouveaux talents comme Mireille Bard, venue à la rescousse et que l'on retrouvera plus tard, et même Gaston Gabaroche, immortel parolier de chansons, ainsi que mentor d'une étoile qui monte au firmament, Réda Caire.

Seule l'indéfectible amitié d'Alibert, Scotto et Sarvil a résisté aux turbulences des tournées, mais pour combien de temps encore ?

Les personnages

TOINET : Diminutif de Toine, lui-même d'Antoine. Le sens en est affectueux, c'est un petit patron pêcheur du Vallon des Auffes qui ne vit que du produit de sa seule barque et de l'amour de toutes les filles du Vieux-Port.

GIRELLE : C'est un poisson rutilant, agile et vif, un des rois de la soupe de poissons, de la bouillabaisse et de la pêche à la palangrotte. Le rôle a été écrit pour Jo Gorlett.

PÉNIBLE : À Marseille, sobriquet démonstratif d'un tempérament anxieux qui identifie négativement celui qui le porte. Rellys, pour qui le rôle a été modelé, était dans la vie, sur scène et dans la coulisse, l'archétype de ce personnage.

Girelle et Pénible, ces deux complices, sont les matelots, l'équipage du patron pêcheur Toinet et les deux comiques de la construction. Le trio est pérennisé, ce sont les Marx Brothers à la pêche.

CHARLOT : Conducteur de tramway de la plus célèbre ligne de Marseille (le 83), celle de la Corniche dont parle déjà Horace Bertin. Pour la première fois, apparaît le personnage central du vaudeville : le cocu. Parodie oblige, c'est un Escartefigue qui n'aurait pas à quitter la terre ferme. Complaisant à souhait et qui ne se fâche surtout pas lorsqu'on lui révèle son infortune... par peur de perdre l'amitié de Toinet.

M. BIEN-AIMÉ DES ACCOULES : Commanditaire des sardines. Le franciot de service. Raillerie toute plébeïne pour désigner un parvenu des vieux quartiers (les Accoules), qui aurait passé et oublié la ligne miséreuse de ses origines.

Distinction fondée car avant la Révolution, le quartier était la « cour » de la noblesse industrieuse maritime.

M. GAROPOULOS : Riche armateur oisif et pigeon inespéré. C'est lui qui, à son insu, va permettre la réalisation des vœux de nos trois malins. Symboliquement, l'image est exacte puisque ce sont les armateurs grecs et chiotes[66] qui se sont enrichis et ont participé au développement industriel de Marseille au XIXe siècle. Au cinéma, le nom sera russifié eu égard à la forte colonie de Russes blancs dans le milieu du spectacle.

FRANCINE, MALOU, MARGOT : Diminutif du prénom de Mme Scotto. Les trois personnages féminins, les fiancées du trio, ne constituent plus les faire-valoir de l'intrigue, mais sont partie prenante de l'action dont elles initient la résolution finale.

TANTE CLARISSE : Tout le mécanisme réside sur ce double personnage travesti. Le théâtre de Sarvil repose sur cette ambiguïté. Tante pingre et revêche, tout n'est pas sorti de la pure imagination de l'auteur. Comme c'est souvent le cas, les éléments d'inspiration proviennent de faits réels. La « fortune » des Crescenzo est le fruit de l'héritage d'une vieille tante qui n'était pas de Barbentane mais de La Ciotat. Elle fera une seconde fois la fortune de René. Mais aussi de son créateur Rellys qui l'a immortalisée. Fortune artistique il est vrai de sa gloire passée, Henri Bourrelly n'avait conservé de son personnage dans son appartement de la rue Borde, que l'immense portrait qu'avait réalisé de lui Jean Julien.

C'était une tradition séculaire du théâtre, les femmes ne jouant pas la comédie, on utilisait des travestis ; les castrats napolitains les ont tournés en dérision, la Méditerranée les a pérennisés, le spectacle marseillais s'en est accaparé. Sarvil, qui a écrit le rôle pour son complice des débuts, a façonné ainsi l'image définitive de l'archétype.

66. *Grecs et Philhellenes à Marseille* de Pierre Echinard, thèse de doctorat de 3e cycle, 1969.

La nouvelle Opérette Marseillaise en vogue
Les Gangsters du Château d'If
OPÉRETTE-REVUE EN 2 ACTES & 10 TABLEAUX
M3
LIVRET DE
H. ALIBERT
LYRICS DE
René SARVIL
MUSIQUE DE
VINCENT SCOTTO
PRIX DU RECUEIL 4 frs
Les Grands Succès chantés par
ALIBERT
Ce Recueil contient : LES ÎLES D'OR
YOUPI ou LA VALSE DU RACATI
DES MOTS D'AMOUR... À MINUIT
LA MARCHE DES GALÉGEURS
PUISQU'IL FAUT NOUS SÉPARER
ÉDITIONS SALABERT · PARIS

TITRE :	**LES GANGSTERS DU CHÂTEAU D'IF**
ANNÉE	10 novembre 1936
AUTEURS	Musique/V. SCOTTO - Livret/Alibert, R. SARVIL, R. VINCI
THÉÂTRE Création Avant-première*	THÉÂTRE DES CÉLESTINS à Lyon Direction : Ch. MONTCHARMONT Régisseur général : Jean HERBERT

CHANSONS :

1/ Tout autour de la Corniche
2/ Deux grands yeux noirs
3/ Mon cœur vient de prendre un coup de soleil
4/ Le plaisir de la pêche
5/ Les îles d'Or
6/ Youpi ou La Valse du racati
7/ Des mots d'amour à minuit
8/ La marche des galéjeurs
9/ Puisqu'il faut nous séparer

ÉDITIONS	SALABERT
LYRICS	René SARVIL

DISTRIBUTION :

En tournée à l'Odéon de Marseille, septembre 1937.

Jean Mariole .... ALIBERT
Odette Paradis .... Pierrette CAILLOL
Esprit Saint .... RELLYS
Baptistin stoquefiche .... SARVIL
Jéromine.................................. GERLATA
Papalouche .... Roger PREGOR
Clémence .... Loulou DARTY
Nine .... Ginette DAREY
Lisa .... Régine GALL
Bimbo .... Fred ROBER
Pétrole .... VILLOR
Polenta .... L. LAUGIER
Gamate.................................... VARIAL
Pagalenti................................. CONTEL
La journaliste .... Marion GAILLARD

MISE EN SCÈNE	Maurice POGGI
ORCHESTRATION	Georges SELLERS
DÉCORS	Jean JULIEN

* Première aux Variétés de Paris du 19 janvier au 31 mai 1937.

Les Gangsters du château d'If
1936-1937

Analyse et sociologie

Parce que M. Montcharmont mettait gracieusement son théâtre parisien à la disposition d'Henri Alibert pour les répétitions, le 10 novembre *Les Gangsters du château d'If* furent mis au banc d'essai des Célestins, suivant un procédé de rodage qui avait l'air de réussir. Au côté d'Alibert, on trouve la chanteuse Pierrette Caillol et évidemment le duo comique Rellys–Sarvil, puis pour la grande première aux Variétés à Paris le 22 janvier 1937, retour d'un revenant du *Pays du soleil,* Henri Vilbert, et un petit nouveau, Fernand Sardou, qui fait ses débuts dans l'opérette marseillaise.

En 1905, le père de Sarvil possédait une boutique de tailleur d'habits à Marseille, rue de Bausset (face à la Samaritaine). Au XVIe siècle, cette rue (véritable coupe gorge) abritait le gouverneur du château d'If. Il était donc inévitable que René s'inspirât du thème. De surcroît, il déposait en 1933 à la SACEM une chanson intitulée *La Rosière du château d'If,* c'est dire si le scénario était bien avancé. Ce site légendaire fait partie du paysage, de l'imaginaire de chaque Marseillais. Il est à lui seul la plus belle farce à l'usage des touristes complaisants persuadé de la présence du Masque de fer dans les geôles du bâtiment. Il fallait bien qu'une opérette lui soit consacrée. Cette île entre fiction et histoire est ouverte au public depuis 1890, mais elle est célèbre depuis plus longtemps que cela. Il ne faudrait pas que le fortin soit honoré seulement par la force du talent d'Alexandre Dumas ou du *Masque de fer* de Marcel Pagnol, mais un peu aussi grâce aux musiques de Vincent Scotto.

Pour une fois, le héros est une héroïne. Nine, la fille du gardien du château d'If, est née sur l'île et ne l'a jamais quittée, unique Marseillaise à ne pas connaître Marseille ! Galéjade, car en vérité, les « héros » de l'affaire vont être les gangsters (mais pas ceux que l'on imagine), les vrais !

La critique a reproché au trio Sarvil–Alibert–Scotto (dans l'ordre de leur responsabilité supposée) d'avoir promotionné une image négative de la cité phocéenne, déjà désignée par la capitale comme « le petit Chicago », celui d'Al Capone.

Comme si Marseille avait eu besoin des opérettes pour colporter cette réputation détestable.

Au début du XXe siècle, Marseille fait du trafic d'opium ; dans les années vingt, elle devient la plaque tournante de la traite des blanches organisée par le milieu corse qui a pris le marché aux Antillais et aux Marseillais[67] ; autour des années trente, elle héberge un repaire de *nervis* et d'homme de main du service d'ordre des ligues fascistes du borgne Sabiani (il a perdu un œil à Verdun). Il faut dire que cette époque de l'entre-deux-guerres, et particulièrement l'année 1936, était très troublée. Marseille était aussi agitée de soubresauts préélectoraux dont l'enjeu était la survie de la classe populaire, car une fois encore on comptait l'utiliser comme chair à canon et faire qu'elle ne s'épanche pas dans une oisiveté jugée néfaste pour elle. L'atmosphère ambiante n'était donc pas la meilleure période qui soit pour que s'épanouisse le spectacle.

Les gangsters du château d'If, bien que comédiens, gênent la municipalité d'Henri Tasso, susceptible, qui n'aime pas le titre rappelant trop le Marseille des années de pègre, et surtout jetant un éclairage inopportun sur le « bourrage » des urnes reproché par la presse parisienne, qui se moque sournoisement de ces Marseillais roublards

---

67. Éloignés à cause de la Grande Guerre.

pour le moins. Il faut rappeler que Sarvil avait écrit un sketch dans la *Revue marseillaise* qui brocardait les élections à Marseille et révélait, sur le ton de la satire et de la galéjade, des pratiques électorales que feint de ne pas connaître la classe politique de la capitale. Depuis, il nous a été permis de juger de la totale fourberie de ses assertions ; les urnes n'étaient pas « bourrées » mais substituées pendant leur transfert, jetées en haute mer et remplacées par d'autres à la majorité confortable.

Ceux qui s'indignaient que l'on fît voter les morts, s'offusquaient en réalité qu'ils ne votassent pas pour eux ! Souffrant du complexe de respectabilité, la municipalité socialiste d'Henri Tasso, très attaquée il est vrai, s'apprête à produire un arrêté d'interdiction du spectacle marseillais début décembre.

La censure est toujours ridicule ! Lorsqu'elle s'applique à d'innocentes œuvrettes qui n'ont comme seule prétention que de faire rire, elle en devient grotesque. Une municipalité plus attentive aurait pu prendre la balle (à blanc) au bond et faire représenter cette « bluette » en décors naturels, s'emparant ainsi du seul véritable trésor de l'Abbé Faria, la toile de fond du château d'If et des *îles d'Or* du Frioul. Il faudra l'intervention de M. Édouard Daladier, alors chef de la coalition gouvernementale, pour qu'un *engambi* de plus soit évité.

Malgré le triomphe de *Un de la Canebière* et peut-être à cause de cela, le programme annonce encore une opérette-revue en deux actes et dix tableaux. Le livret est toujours signé par le *leader*. Scotto va composer une partition comprenant neuf chansons du meilleur cru. Ce sera une des plus brillantes depuis *Au pays du soleil* et après celle de *Un de la Canebière*. Cette opérette eut un fort retentissement national, elle augurait une période faste pour Sarvil qui venait de remporter le premier Grand Prix du disque pour sa chanson *Le Noël des petits santons* avec Hyppolite Ackerman, le compositeur et Henri Alibert, l'interprète qui pour une fois avait fait des infidélités à son beau-père de musicien.

Au même moment, Juliette Saint-Giniez écrit pour Réda Caire la chanson du film *Si tu reviens,* qui fut un des gros succès d'avant-guerre. Enthousiaste, Maurice Chevalier va faire du *Chapeau de Zozo* de Sarvil, sur une musique de Charles Borel Clerc, un des tubes de l'année.

C'est aussi l'année des congés payés. C'est une première, les Français partent en vacances. La mer et le soleil deviennent un objectif. Le « farniente » (expression qui n'existe pas encore à cette époque) un rêve, l'insouciance et la bonne humeur une nécessité. Les opérettes les avaient préparés à tout cela depuis déjà quatre années. Mais entre la première des *Gangsters* et le début des *Galéjeurs,* il va s'écouler seize mois, le plus long espace temps entre deux créations. C'est que Sarvil a du mal à coiffer deux casquettes à la fois, fussent-elles de chez Félio, fournisseur officiel des opérettes marseillaises et depuis qu'il joue et fait partie de la distribution, son compagnon Alibert n'a plus le temps « d'écrire » les livrets...

Ce dépassement ne sera pas sans conséquence, car il va décaler le processus créatif par rapport aux échéances de l'histoire. Les beaux jours de l'opérette sont comptés, ils vont bientôt se retrouver sur un autre théâtre d'opération.

Les Gangsters du Château d'If

Les personnages

Si le trio initial est dissous, un nouveau va se constituer avec Sarvil, Rellys et Alibert. Peut-être plus cohérent, car celui qui l'a imaginé entre dans l'équipe.

Jean Mariole : Directeur du journal humoristique *Le Phare du Vieux-Port*. À Marseille, un mariole est un personnage retors qui incite au respect. L'admiration que porte Sarvil à son « patron » lui facilite la tâche pour dessiner le rôle à sa mesure. Alibert est un vrai mariole dans son genre.

Esprit Saint : Gardien du château d'If. Ce prénom est un doux euphémisme pour Rellys dont tout le monde se plaît à remarquer que le génie artistique qui l'habite confine parfois à la folie[68] ; détournement de sens toute psychanalytique de Sarvil qui le « supporte » depuis maintenant dix ans.

Baptistin Stoquefiche : Président du club des galéjeurs. En parler marseillais, c'est l'appellation de la morue, le *stockfish* des Anglais, se dit ici en prononçant toutes les lettres et même plus : Estoquefiche. Désigne un physique délabré mais à la maigreur longue et élégante. Sarvil, pour la première fois, écrit un rôle pour lui. Il s'est, pour la circonstance, confectionné un personnage idéalisé, lui qui est plutôt petit et gros.

Papalouche : Ex-inspecteur de la Sûreté, commissaire de police ; adaptation et francisation du nom d'un personnage de la littérature populaire du XIXe en Provence : Cacaloucho, le pendant du Poulbot parisien, de la Bécassine bretonne, et du Cagayous algérois. Si Poulbot et Bécassine ont trouvé fortune, les deux frères méditerranéens ont eu à souffrir de l'indifférence de l'édition nationale.

---

68. Ce génie comique versatile était capable de saccager une scène s'il n'avait pas eu son quota d'applaudissements (cité par Jean Herbert et Sarvil).

PÉTROLE, POLENTA, PAGALENTI, GAMATE, LE GROS DÉDÉ, LES FRÈRES NATTE : Autant de sobriquets très explicites et étonnement d'actualité ; près de soixante-dix ans plus tard, ces appellations sont encore utilisées aujourd'hui dans les bars de Marseille dont c'est la tradition.

BIMBO : Jeune *nervi*, avec Polenta et Pagalenti. Manière de rappeler par le biais de ces personnages qu'il y avait à Marseille une forte colonie italienne qui frayait aux marges de la légalité. L'emblématique représentant de la communauté est alors le peu recommandable Spirito. C'est Fred Rober, le jeune frère de René avec qui il ne s'entendait pas très bien… qui héritera du rôle.

GÉROMINE : Épouse volage d'Esprit saint, mère de Nine. Partie chercher des allumettes et du safran sur le continent et que les bateliers n'ont pas encore ramenée.

ODETTE PARADIS : Jeune romancière puis journaliste parisienne spécialisée dans le cinéma.

Une chanteuse issue du lyrique, incarnée par Pierrette Caillol, est à l'affiche et donnera la réplique dans les duettos à Henri Alibert.

N° 2 Pour chant seul : 2 frs

SKI A DEUX

Valse chantée par ALIBERT & Rose CARDAY

ÉDITIONS SALABERT PARIS

TITRE :	# LE ROI DES GALÉJEURS
ANNÉE	16 avril 1938
AUTEURS	Musique/V. SCOTTO - Livret/Alibert, R. SARVIL, R. VINCI
THÉÂTRE Création Avant-première*	THÉÂTRE DES CÉLESTINS à Lyon Direction : Ch. GANTILLON Régisseur général : Jean HERBERT

CHANSONS :

1/ Mon cœur a besoin d'aimer
2/ Ski à deux
3/ Oh! oui, c'est l'amour
4/ Le printemps sourit
5/ La chanson des cireurs marseillais
6/ Les durs de durs
7/ Nice la Belle
8/ Adieu mon joli rêve

ÉDITIONS	SALABERT
LYRICS	René SARVIL

DISTRIBUTION :

Titin .... ALIBERT
Nina Fleury .... Rose CARDAY
Flanelle .... RELLYS
Galinette .... SARVIL
Gripois .... RITTCHE
Lahire .... ROLLIN
Lancelot .... Roger PREGOR
Hogier .... ROLLA
Hector .... CONTEL
Le Baron St Cyr .... DUARD Fils
Sophocle .... VILOR
Le commissaire .... FESTERA
Augusta .... GERLATA
Zizouille .... Régine GALL
Liliane .... Marguett VILLY
Le gérant .... Fred ROBER
Daube .... LAUGIER

Première aux Variétés à Paris. Direction : Max Maurey

MISE EN SCÈNE	Maurice POGGI
ORCHESTRATION	Georges SELLERS
DÉCORS	Jean JULIEN

* Première aux Variétés de Paris du 16 novembre 1938 au 1er janvier 1939.

Le Roi des galéjeurs
1938-1939

Analyse et sociologie

Le 16 avril 1938, lorsqu'au théâtre des Célestins de Lyon commence l'avant-première de la nouvelle opérette *Le Roi des galéjeurs*, peu se souviennent que quelques années auparavant, insouciant, le député Édouard Daladier *s'estrassait* de rire à la *Revue marseillaise*, et personne ne se doutait que plusieurs mois après, le président du Conseil, le même Édouard Daladier, allait signer l'arrêt de mort de la galéjade.

Dans les archives de Sarvil, nous avons retrouvé, rageusement annoté de sa main, devant le titre de son opérette, en majuscule et en rouge le mot MUNICH. Si ses débuts étaient *Tapissé de rire*[69], la fin de cette époque risquait de ressembler à « pleurer de rage ».

Pourtant, cette pochade avait démarré comme d'habitude sous les meilleurs auspices. Le programme n'annonçait-il pas : « Une opérette écrite *Au pays du soleil*, par *Un de la Canebière* à l'abri des *Gangsters du château d'If.* »

Le nœud de l'action se passe au carnaval de Nice. Alibert en était la vedette en 1927 en compagnie de Frédo Gardoni. C'est aussi la ville des cousins de Sarvil, les fils de l'oncle napolitain Erasme de Crescenzo émigré en France, à Marseille, avec son frère en 1896.

Bien plus tard, venant de la capitale, Scotto, plus pistachier que jamais, ira y rejoindre une princesse orientale…

69. Titre d'une revue en 1919 de Saint-Yves, casino de Limoges, direction Bonhomme.

en taxi. Le programme des Variétés de Paris présenté pour un temps encore par Max Maurey (Alibert et Scotto ont tout de même pris la direction depuis 1935), nous présente une définition de la galéjade dans un petit lexique à l'usage des non initiés. Alibert étant licencié ès galéjades, il méritait le titre envié à Marseille de Roi des galéjeurs que nous lui avons décerné en préambule ; il était logique qu'une opérette portât sur le sujet.

Pour nos trois cireurs, décrotteurs de chaussures, l'action démarre au grand *steeple-chase*... du parc Borély. Le nouveau trio Alibert, Sarvil, Rellys est reconduit, ainsi que la formule en deux actes et dix tableaux. Ils vont évoluer successivement dans une villa luxueuse des hauts de la Corniche (qui n'est pas celle d'Alibert, plus loin et plus modeste). Titin le jeune premier ainsi que Nina l'héroïne se sont connus enfants, boulevard Chave. Quatre voyous font partie de la bande de Menpenti, ennemie jurée de celle des scaphandriers d'Endoume[70].

Tout ce beau monde partira « au ski ». Pour des pauvres, ce n'était pas courant à l'époque, mais on est au théâtre à l'Auberge-Hôtel de Peira-Cava, sur les hauts de Nice. C'est le moment du carnaval, dans la fosse d'orchestre les musiciens de Georges Sellers porteront cotillons et faux nez. Tous les acteurs participeront au final du premier acte costumés, le visage caché derrière un loup. Cela, pour entretenir un peu plus la confusion et les quiproquos qui sont devenus la marque de fabrique de Sarvil, bâtissant ainsi son succès sur des personnages transformistes et travestis. Il n'y a pas dérogé et Rellys, en inénarrable Madame Butterfly, perpétuera la tradition une fois encore.

Après un passage au champ de courses de l'hippodrome de Nice, nos impayables partiront pour une croisière en Méditerranée : Corse, Algérie, Tunisie, qui sont à l'époque les destinations privilégiées des voyageurs.

Le texte est volontairement construit sur le modèle du parler marseillais, dont la syntaxe très particulière est

70. Quartier italien de Marseille qui abritait encore dans les années 1970 des membres de la French Connexion.

utilisée pour provoquer l'hilarité du public. Dans la chanson des cireurs marseillais, Alibert rosissant de concupiscence sous son masque blanc, lance à la régalade un joyeux « Frotte fort et *fai lusi* », vieux thème de la *Revue marseillaise* de 1932. Quelquefois des expressions argotiques propres aux natifs de la Canebière sont employées et systématiquement du français est écorché par un accent volontairement traînant, tel que savait le faire Rellys qui « parpellegeait » et bégayait à la demande. La partition de Vincent Scotto comprend huit chansons et si ses musiques ont toujours de l'intérêt, l'histoire et le public ne les ont pas toutes retenues. Peut-être est-ce dû aux événements douloureux qu'ont vécus les Français à cette période-là.

Comme annoncé précédemment, Rellys va disparaître rapidement de la distribution, remplacé par Lafourcade pour la grande première aux Variétés car une brillante carrière cinématographique va commencer pour lui. Il veut voler de ses propres ailes, on peut le comprendre ; le dernier succès n'en est pas vraiment un. Malheureusement, les ailes qu'il a choisies, celles de Narcisse, vont être clouées au sol par la Luftwaffe, puisque par malchance son film sortira le jour de l'entrée des troupes allemandes sur les Champs-Élysées.

Il ne reverra Sarvil qu'en 1951, pour la reprise des opérettes marseillaises à l'Alcazar, et en 1953 dans le cinéma de Marcel Pagnol. Ils resteront jusqu'à la fin les vieux complices qu'ils n'auraient jamais dû cesser d'être.

Certes, la vie artistique ne s'est pas arrêtée à Munich, bien au contraire, et le genre comique est resté très sollicité. Comme il arrive que de plus en plus souvent l'on rie jaune, on ne s'amuse évidemment plus de la même façon, le public a changé, celui des opérettes marseillaises aussi.

Pendant cette drôle de paix, Sarvil dira : « Nous jouions dans des salles quasiment vides, sur les motifs de Nice-la Belle, nous dansions la tarentelle sur un volcan. Nous retrouvâmes notre fidèle public, mais aux Variétés comme ailleurs le cœur n'y était plus. L'alerte avait été trop chaude. Le sursis dura quelques longs et pénible mois… puis ce fut la guerre. »

La prochaine opérette est encore bien loin, nos mousquetaires vont se perdre de vue et ne se retrouveront qu'après les hostilités, soit six ans plus tard. Hélas, leurs meilleures années se seront évaporées.

Les personnages

TITIN : Prénom devenu archétype, c'est celui du personnage d'*Au pays du soleil*. Avec ses deux associés, c'est le petit patron d'une échoppe de cireur de chaussures, tel que l'on en trouvait avant-guerre. Les petits cireurs ambulants napolitains du début du siècle ont grandi, ils ont maintenant pignon sur rue, en l'occurrence le cours Belsunce qui a servi d'inspiration et se trouvait très certainement à l'angle de la Canebière dans le salon de coiffure *Le Louis XV*... qui fait de la réclame sur le programme : « Le roi des coiffeurs sinon le coiffeur de rois. » Plus sûrement le coiffeur où se retrouvaient toutes les vedettes qui se produisaient à l'Alcazar ou aux alentours. Le thème du cireur avait déjà été utilisé dans la *Revue marseillaise*.

GALINETTE : C'est le nom d'un gros poisson orangé utilisé dans la bouillabaisse. C'est ainsi qu'en Provence on appelle les rouquins (assez nombreux à cause des Génois). Sarvil a gardé ce surnom dans sa famille. Il a créé ce personnage pour un certain nombre de sketches radiophoniques en 1948. Dans le *Manon des sources* de 1953, Pagnol a donné à Rellys, qui était vraiment roux, le prénom et l'occasion de tracer une composition mémorable.

FLANELLE : Véritable galinette pour la couleur ; psychologiquement, sa fragilité nerveuse que la troupe avait à gérer, le fera classer ici dans les « matériaux inconsistants ». Lafourcade, qui intégra la distribution lors du départ de Rellys, ne correspondait pas du tout au profil du rôle. L'absence de Rellys sonna sans doute le glas de la pièce pour ne pas dire des opérettes.

BARON SAINT-CYR DE LA CADIÈRE[71] THIBURCE : Propriétaire d'une écurie de course. Soupirant et « argentier » de Nina Fleury à qui il a offert le collier. Étranger à l'ethnie, il n'en possède pas les subtilités, c'est donc le dindon de la farce ; amoureux platonique. Au final du premier acte, son suggestif costume de carnaval sera celui d'un eunuque.

SOPHOCLE : Fils de Flanelle et de Girelle ! Joué par Villor, un gamin qui va sur ses 30 ans…

LAHIRE, HOGIER, LANCELOT, HECTOR : Quadrette infernale, les valets, les voyous de la Capelette, quartier des Italiens des maisons basses[72]. Incontournables dans les opérettes marseillaises, mais toujours ridiculisés. Au centre de l'affaire du collier, ils se le feront subtiliser par Sophocle.

AUGUSTA : Mère de Sophocle, femme de Flanelle. Dame pipi du magasin de décrottage.

ZIZOUILLE : Femme de Girelle. Elle vend de la bimbeloterie à l'étalage de la boutique des cireurs, Titin et Cie (Titin est l'associé de son mari).

Augusta et Zizouille sont deux petites Marseillaises naïves mais incorruptibles et honorables. Régine Gall, qui créa le rôle, finira sa vie dans la bimbeloterie.

NINA FLEURY : Jeune fille née à Marseille mais qui a fait le Conservatoire, de ce fait possède une éducation et un talent de chanteuse lyrique. C'était le cas de Mireille Ponsard et surtout de Germaine Roger, divette des versions cinématographiques.

---

71. La Cadière de Saint-Cyr, localité du Var.
72. *Les étrangers des maisons basses* de Robert Rippa, éditeur Jeanne Laffitte, 1977.

La drôle de gue-guerre 1939-1945

Le gala de bienfaisance de l'Odéon

La mobilisation n'est pas la guerre, soit ! Mais tout le monde espère qu'on leur fiche la paix, particulièrement Sarvil. La drôle de guerre et le rappel sous les drapeaux du réserviste René Crescenzo, mobilisé au 203e régiment d'infanterie dès le premier jour de la mobilisation (septembre 39), va interrompre la prolifique collaboration (le mot n'est pas encore *emmasqué*) de nos trois mousquetaires de l'opérette.

De plus, une embrouille avec Alibert due à une obscure raison de droits d'auteur non reconnus va casser l'entente cordiale et faire que chacun pourra naviguer et produire pour son propre compte et pour son propre camp. C'est la fâcherie. Sarvil ne rêve que d'en découdre, mais sur les planches cela s'entend. C'est ce qu'il va pouvoir faire à Sérignan près d'Orange dans le Vaucluse, où il trouve sa division d'affectation en totale désorganisation. Dans le cadre de la conservation du moral des armées, qui allaient en avoir *beaucoup besoin* (provençalisme), il reçoit pour mission de constituer pour sa division, un théâtre aux armées. Il obtient une voiture avec chauffeur (ce dont il avait rêvé pendant son occupation de la Ruhr en 1921 au 172e régiment d'infanterie) pour véhiculer la troupe (de théâtre) et un ordre de mission pour aller à Marseille chez l'imprimeur faire la mise en page du premier bulletin de liaison de la division qui sortira le 15 octobre 1939, intitulé *La Rascasse*. Il assure le tirage des quatre feuillets du premier numéro, aidé en cela par le chasseur Marc Cabridens le dentiste de la division, alias Marc Cab, caricaturiste et dessinateur de talent, qui illustrera la feuille de chou. Nous retrouverons à l'intérieur de savoureux textes des « loufoques[73] » Sarvil et Pierre Dac, son complice de la Lune Rousse en « transit » pour Londres[74] avec qui il a gardé des liens professionnels et affectifs par l'intermédiaire de l'Amicale des chansonniers mobilisés créée récemment. Cette publication est surtout alimentée par des textes et des histoires marseillaises extraites des revues qu'il prépare à cette époque. Elle fut publiée sur huit numéros jusqu'en mai 1940, puis mutée à l'intendance de la 15e section du CAO à Marseille. René s'occupe alors du bulletin *La Vivandière* « journal intendencieux » comme l'indique le sous-titre.

Dès le 29 novembre 1939, il participe à deux galas de bienfaisance au Pathé-Palace et à l'Odéon, organisés par l'imprésario et complice Robert Trébor, au profit non des organisateurs de galas, mais à celui des œuvres de guerre et du théâtre des Ailes. Au programme, on retrouve tous les compères réconciliés pour la circonstance : Alibert, Raimu, Gorlett, Andrex, Delmont, Charpin, Fernandel et le tout jeune appelé Charles Trénet. C'est l'épopée Alibert en tricolore : chapeau bleu, costume blanc et chaussures talons bottier rouges, qui chantera sa belle « Marseillaise » avec couplet patriotique sur les beaux jours qui reviendront. Le spectacle est présenté par Marguett Villy et Régine Gall.

Sarvil, courageux jusqu'au sacrifice et au péril de sa réputation, assure le lever de rideau devant ce parterre de « renégats ». Il obtint un beau succès d'après le journaliste de *Cinémonde* qui couvre le reportage. Enfin, le 8 janvier 1940, c'est le maréchalat (quoique le terme ne soit pas très opportun). Il reçoit de l'état-major de la 65e division d'infanterie, une note de service émanant du 2e bureau, estampillée

73. Genre loufoque créé par Sarvil et Pierre Dac à la Lune Rousse.

74. Pierre Dac était une voix de Londres : « Les Français parlent aux Français. Les sanglots longs… J'ai du bon tabac… »

« Service du moral » lui enjoignant d'organiser l'équipe théâtrale de la division. Mais il n'aura pas le temps de faire montre de ses talents d'organisateur : arrive la trêve et la réconciliation avec Alibert venant le solliciter muni d'une dérogation du ministre de la Culture du moment, Jean Giraudoux, pour tourner le film sur leur opérette *Le Roi des galéjeurs* de Fernand Rivers (24 avril 1940).

Pour une galéjade, elle est plutôt ratée, de même que le film au dire de Sarvil qui ne croit guère au grand écran : « Ce jour, le cinéma français a enregistré un navet de plus. »

Puis c'est la débâcle de juin 40, l'appel du Général, puis le retour dans ses foyers.

Sian propre lei sordas.

René Sarvil, « Tonton Galinette ».

Alibert et Régine Gall dans AU PAYS DU SOLEIL,
« La rue Bouterie », 1933.

Carte de visite du Moulin de la Chanson. ►

AU PAYS DU SOLEIL.
De gauche à droite : Régine Gall, Alibert et Jenny Helia, « Miette ».

La Revue marseillaise au Moulin de la Chanson, « Le cabanon de Fadoly », 1932.

Projet d'affiche de Fred Rober, vu du Pharo.

Grand Prix du disque, 1936, illustré par Jean Julien.

Au centre en bas, Alibert pendant le final du 1er acte, 1933.

ALIBERT
DANS
3 DE LA MARINE
LA REVUE DES MATELOTS
PAUL COLIN
DISQUES
Pathé

Affiche d'Émile Hugues, 1933.

Affiche de Paul Colin, 1934.

◀ JENNY HELIA

RÉGINE GALL ▶

Sarvil l'inquiet et Contel Francis dans AU PAYS DU SOLEIL.

Pour Piano et Chant

Pour Chant seul

N° 5

A PETITS PAS

ou : *LA VALSE MARSEILLAISE*

SLOW-FOX CHANTÉ PAR **ALIBERT et Mme JENNY HÉLIA**

dans l'Opérette Marseillaise

" Au Pays du Soleil "

Livret de H. ALIBERT

Lyrics de René SARVIL

Musique de

VINCENT SCOTTO

1. Le Pays du Soleil
2. Un fondu, un momo
3. Miette
4. J'ai rêvé d'une fleur
5. A petits pas
6. Une rose
7. On n' se refait pas

ÉDITIONS
SALABERT
PARIS

VENTE EN GROS :
22. Rue Chauchat, PARIS - 9e

Un nouveau Succès des Auteurs de " Au Pays du Soleil "

1. # A TOULON

Marche 6/8 chantée par ALIBERT

Chanson du Film

1. - **A TOULON,** Marche 6/8 chantée par ALIBERT.
2. - **SUR LE PLANCHER DES VACHES,** Valse-Musette chantée par ALIBERT.
3. - **L'AMOUR EST UNE ÉTOILE,** Tango chanté par ALIBERT et GABY SIMS.
4. - **DEPUIS... J'AI PEUR DE TOUT.** Slow-Fox chanté par ALIBERT
5. - **JE NE SAIS PAS CE QUI M'ATTIE ,** Slow-Fox chanté par ALIBERT.
6. - **VIENS DANS MA KASBAH,** Chanson Arabe.
7. - **DE L'EAU... DU SAVON... DU SOLEIL...** Fox-Trot chanté

ÉDITIONS SALABERT - PARIS

Vente en Gros : 22, Rue Chauchat, Paris-9e

ADIEU ! VENISE PROVENÇALE

N° 1

FOX-TROT Chanté par ALIBERT

DANS "ZOU ! LE MIDI BOUGE"

(Arènes Joyeuses)

Opérette-Revue en 2 Actes et 16 Tableaux
présentée par HENRI VARNA à l'ALCAZAR

Livret de
H. ALIBERT

Lyrics de
R. SARVIL

Musique de
VINCENT SCOTTO

1-*Adieu ! Venise Provençale. Fox-Trot chanté.
2-*Pas d'autre femme. Valse chantée.
3-*La rose rouge. Rumba chantée.
4-*Chez vous en Espagne. Paso-Doble chanté.
5-*Théréson... t'as raison. Valse-Musette chantée.
6-*Fais pas l'couillon. Marche chantée.
7- Gangster... Bootleger. Fox-Trot chanté.
8- Violette, Pervenche et Marguerite. Fox-Trot chanté.

Les chansons précédées d'un * sont enregistrées par ALIBERT sur Disques "PATHÉ"

ÉDITIONS SALABERT - PARIS (22, Rue Chauchat)
(Printed in France)

Nº 2

LE PLUS BEAU TANGO DU MONDE

TANGO CHANTÉ DANS

" Un de la Canebière "

Opérette de H. ALIBERT

Lyrics de René SARVIL

Musique de

VINCENT SCOTTO

VINCENT SCOTTO

1. VOUS AVEZ L'ÉCLAT DE LA ROSE _ Slow-Fox.
2. LE PLUS BEAU TANGO DU MONDE _ Tango.
3. CANE... CANE... CANEBIÈRE _ Fox-Trot.
4. UN PETIT CABANON _ Valse-Musette
5. J'AIME LA MER COMME UNE FEMME _ Slow-Fox
6. LES PESCADOUS OUH ! OUH ! _ Fox-Trot
7. Y EN A QU'UN DANS MARSEILLE _ Slow-Fox

Tous ces Airs sont enregistrés par ALIBERT sur disques PATHÉ

ÉDITIONS SALABERT - PARIS

③ # Mon cœur vient de prendre un coup de Soleil

6/8 One-Step chanté par **ALIBERT**

dans

Les Gangsters du Château d'If

OPÉRETTE-REVUE EN 2 ACTES & 10 TABLEAUX

LIVRET DE **H. ALIBERT**

LYRICS DE **René SARVIL**

MUSIQUE DE **VINCENT SCOTTO**

Les Grands Succès chantés par ALIBERT

1. TOUT AUTOUR DE LA CORNICHE – 2. DEUX GRANDS YEUX NOIRS.
3. MON CŒUR VIENT DE PRENDRE UN COUP DE SOLEIL –
4. LE PLAISIR DE LA PÊCHE – 5. LES ÎLES D'OR
6. YOUPI ou LA VALSE DU RACATI –
7. DES MOTS D'AMOUR... À MINUIT –
8. LA MARCHE DES GALÉGEURS –
9. PUISQU'IL FAUT NOUS SÉPARER. Pour Chant seul

ÉDITIONS SALABERT – PARIS

N° 2
Pour chant seul : 2 frs
SKI A DEUX
Valse chantée par ALIBERT & Rose CARDAY
de l'Opérette
LE ROI DES GALÉJEURS
OPÉRETTE MARSEILLAISE EN 2 ACTES
Livret de H. ALIBERT
Lyrics de René SARVIL
Musique de VINCENT SCOTTO
Rose Carday
Ch. Pousid
PRINTED IN FRANCE
PHOTO
1 MON CŒUR A BESOIN D'AIMER. Fox-tango chanté par ALIBERT
2 SKI A DEUX – Valse chantée par ALIBERT & Rose CARDAY
3 OH! OUI C'EST L'AMOUR!. Fox-trot chanté par ALIBERT
4 LE PRINTEMPS SOURIT. Valse chantée par Rose CARDAY
5 LA CHANSON DES CIREURS MARSEILLAIS – Fox-one-step chanté par ALIBERT
6 LES DURS DE DURS – Fox-trot chanté par ALIBERT
7 NICE LA BELLE – Fox-one-step chanté par ALIBERT
8 ADIEU MON JOLI RÊVE. Romance chantée par Rose CARDAY
Ces Succès ont été enregistrés par ALIBERT sur disque PATHÉ
ÉDITIONS SALABERT PARIS

Les GAUCHOS de MARSEILLE

Le Grand Succès d'Opérette du Théâtre des Variétés

LE PETIT BAL DE LA BELLE DE MAI

Crée par

H. ALIBERT & Mireille BARD

Lyrics de
René SARVIL

Musique de
Vincent SCOTTO

ÉDITIONS PAUL BEUSCHER

PARIS — 27, Boulevard Beaumarchais, 27 — PARIS-Bastille

Le Grand Succès de la Revue
HELLO .. MARSEILLE ! de René SARVIL
(Production Robert TREBOR)
GOOD BYE ADOLF !
ERCÉ
Paroles de René SARVIL
Musique de ALSTONE
crée par
RÉDA CAIRE
Éditions E. ROBERT TREBOR
5. Rue Curiol MARSEILLE
28. Rue de l'Echiquier PARIS
tous droits réservés pour tous pays.

RAY VENTURA
présente
LA JOYEUSE
REVUE-OPERETTE
MARSEILLAISE
DE MARC-CAB, TUTELIER & AUDIFFRED
LYRICS : GEO KOGER
MUSIQUE : GEORGES SELLERS
AU SOLEIL DE MARSEILLE
CHANTÉ PAR
MIREILLE PONSARD
Enregistré sur Disques
PATHÉ P. A. 1037
En Dépôt chez L. PHILIPPO
24, Bd Poissonnière, PARIS-9e
Photo ARNAL
PRIX 1F.50
NE JOUEZ PAS AVEC MON CŒUR
SLOW-FOX
EDITIONS RAY VENTURA & Cie 28, Bd POISSONNIERE PARIS-IXe

MARSEILLE
MES AMOURS
de la joyeuse opérette
MARSEILLE MES AMOURS
de AUDIFFRED, MARC CAB, TUTELIER & G. SELLERS
Les succès de l'opérette
1 ÇA FAIT BOUM
valse
2 LA RUMBA DES ROSES
rumba
3 LA PETOULETTE
chanson nouvelle?!!
4 UNE VOIX D'ARGENTINE
tango
5 MARSEILLE MES AMOURS
fox-trot
6 UN REGARD DE FEMME
slow-fox
7 AVEC UN CIEL PAREIL
fox-trot
8 C'EST LE PRINTEMPS
fox-trot
Harcourt
EDITIONS PAUL BEUSCHER · PARIS

◄ Edouard Delmont

1932

Gerlata ►

1937

FRED ROBER ▶

1933

◀ HENRI VILBERT

GORLETT

LE MOULIN DE LA CHANSON

Les interprètes de « Au pays du soleil »
De gauche à droite : Delmont, Marguett Villy, Gorlett, Vilbert, Jenny Helia, Alibert, Renée Dennsy, Sarvil

MIREILLE
PONSARD ▶

◀ RELLYS

Un de la Canebière, 1937, première reprise aux Variétés à Paris.

Premier rang, de gauche à droite :
Georges Sellers, Gerlata, Rellys, Alibert, Pierrette Caillol, Sarvil…

Alibert, Régine Gall et Marguett Villy, pendant la distribution de sardines en papier, 1937.

"RÉGAL"
RÉGAL
Les "Sardines de
TANTE CLARISSE"
sont les meilleures

Affiche des trois premières opérettes marseillaises pour les disques Pathé.

Affiche de Nicolitch, 1946.

◄ Buste de Vincent Scotto.
« Le buste dévoilé n'était pas ressemblant. »
Aujourd'hui, situé cours d'Estienne d'Orves.

Discours d'inauguration du buste de Vincent Scotto le 13 décembre 1965, en présence de Mme Alibert (fille de V. Scotto), Marcel Pagnol, Gaston Defferre, Tino Rossi et René Sarvil (avec les lunettes noires).

Voilà Marseille contre *C'est tout le Midi*
1er novembre-6 décembre 1940

Scotto marquera de son empreinte quatre opérettes, dont une seule pas véritablement marseillaise appelée *Hugues*, qui fut programmée le 20 décembre aux Variétés-Casino et aura laissé des traces car la vedette en était Fernandel.

Évidemment, Alibert n'a plus rien écrit depuis le rappel sous les drapeaux de Sarvil. Par contre, il aura produit depuis le 11 octobre la Revue des revues (c'est le programme du Capitole qui le dit). Avec l'ossature de sa compagnie, il passe en revue l'actualité avec le retour de Panisse/Charpin dans *Qué coup de mistral !...* vigoureux mais bref car deux mois après, ce sera la revue *C'est tout le Midi*. N'ayant décidément rien compris, il l'a annoncée comme étant une opérette-revue, et fidèle à ses mauvaises habitudes, il n'a pas fait apparaître l'auteur sur l'affiche, Raymond Vincy.

Quelques jours avant la venue du maréchal Pétain à Marseille, elle sera représentée pour la première fois le 6 décembre 1940 au Capitole avec une distribution prestigieuse : Raimu, en disgrâce auprès de Sarvil depuis l'affaire de « mon cul sur la commode[75] ».

Rellys, toujours affiché derrière la porte de la « cabane au fond du jardin » pour « haute trahison », Alida Rouffe.

75. Raimu, agacé du succès des opérettes, avait repris un mot du polémiste Rip qui qualifiait celles-ci de « mon cul sur la commode ». Expression dévalorisante pour désigner une œuvre de mauvaise qualité.

C'est dans cette revue que Raimu jouera le fameux sketch opportuniste pour le moins : *L'Huissier du maréchal Pétain*[76]. Bref, une distribution d'« enfer ».

Mais il n'y a pas loin du Capitole à la Roche Tarpéienne. Tous ces éléments contrariants pour le moins vont galvaniser Sarvil qui va redevenir ce qu'il n'a jamais cessé d'être : le roi de la revue. En solo cette fois. L'inaction militaire de la drôle de guerre lui ayant permis de se roder à Nice pour les fêtes de fin d'année 1939-40 avec Berval et Milly Mathis dans la revue *Bleu Blanc Rouge*, sous l'égide des tournées Audiffred (l'adversaire commercial, le concurrent d'Alibert), il va abattre sa carte maîtresse, le valet de cœur de ces dames, et de ces messieurs aussi d'ailleurs, Réda Caire.

Ce Marseillais d'adoption (de parents égyptiens, il est décédé à Marseille) va devenir l'idole de sa ville, et nombre de Méridionaux vont s'identifier à cet élégant « romancier » disait-on, ce *crooner* dirait-on aujourd'hui ! Il diffère tellement de ces jeunes premiers marseillais un peu trop sûrs de leur charme aillé et anisé, qu'il va rester dans les mémoires des générations comme « le prince des opérettes marseillaises », alors qu'il n'a jamais incarné aucun des personnages du répertoire[77]. L'intrusion dans le paysage de ce nouveau « sheik of Arabia » fait que les jours de gloire du *Titin des Martigues* sont derrière lui.

Ainsi, le vendredi 11 novembre, Sarvil mobilise, si l'on peut dire, toutes les énergies pour la première de la revue *Voilà Marseille* à l'Odéon de la Canebière, devant un public qu'il connaît bien puisque c'est celui devant lequel étaient présentées en tournée ses opérettes marseillaises.

Il a conservé quelques acteurs des précédentes distributions de l'épopée parisienne, dont Jenny Helia qu'il avait récupérée à la Lune Rousse, Régine Gall (sa sœur), Fred

76. Et la chanson *Catherine* qui sera traduite plus tard en allemand en 1942.

77. Paradoxalement, la dernière génération de musiciens marseillais, celle des rockers du groupe de Robert « Rock » Rossi, Quartier Nord, réalisant une véritable « néo-opérette » marseillaise avec *2001, l'Odyssée de l'Estaque*, dans un acte totalement freudien, font de leur héros le fils caché de Réda Caire. C'est dire si l'identification est forte pour ces générations successives de Marseillais.

Rober (son frère), mais aussi Marthe Marty, Francined (le frère de Fernandel) et la chanteuse franco-américaine Dot Shirley. La musique est d'un certain Serge Bessierre, le nouveau chef d'orchestre est Mario Melfi (qui fera débuter plus tard un jeune chanteur du nom de Robert Ripa).

Cette brillante production va ainsi battre sur son propre terrain l'entreprise Alibert–Scotto, tout au moins sur le plan du succès, de l'innovation et des recettes. Mais était-ce vraiment la chasse gardée des deux compères, n'était-ce pas plutôt le terrain de prédilection de Sarvil, auteur réalisateur, et acteur de la *Revue marseillaise* ? Ce que nous confirment, non sans ironie, les mémoires de ce dernier : « La sortie des artistes de l'Odéon et du Capitole se trouvait face-à-face dans la rue Curiol. Cent, deux cents spectatrices et spectateurs (des fans et des groupies dirait-on aujourd'hui, NDA) assaillaient la sortie des artistes de l'Odéon pour voir Réda Caire. En face, il n'y avait que trois pelés et un tondu. Ces confrontations journalières (*a posteriori*[78], NDA) indiquaient la température exacte de *Voilà Marseille.* Néanmoins, tout le monde se plaisait à reconnaître loyalement qu'Alibert était au mieux de sa forme et qu'il brûlait les planches. Je n'irais pas jusqu'à dire que c'est à cause de cela que trois semaines après les débuts de la revue *C'est tout le Midi,* la scène du Capitole brûlât, anéantissant les décors, les costumes » et les espoirs de position dominante du fantaisiste vauclusien à Marseille.

Malgré cela, le spectacle partira en tournée en province puis sera repris aux Variétés de Paris du 10 octobre 1941 au 28 janvier 1942 pour le gala du journal *Le Nouveau Temps.* (Organe de la presse collaborationniste d'Otto Abetz dont le directeur Jean Luchaire, président de la corporation de la presse française depuis le 9 juin 1941, fut condamné à mort et exécuté pour faits de collaboration en 1945[79]).

Ainsi se termine, au bénéfice de Sarvil, la première confrontation des « frères ennemis ». Ayant deux fers au

78. Les deux revues étaient représentées à quinze jours d'intervalle.
79. *Les beaux jours des collabos* d'Henri Amouroux, pp. 484-485-486. Robert Laffont Paris, 1976.

feu, la confirmation nous est donnée, puisque le 12 septembre 1940, à la demande de Robert Trébor, avait été créée une véritable opérette marseillaise : *Sous le ciel de Cassis*, encore à l'Odéon puis présentée le 6 octobre à Aix-en-Provence. Elle sera citée comme étant la première création artistique d'après l'armistice[80].

On pouvait y trouver le nouveau jeune premier Darcelys, Gaston Gabaroche, le Pygmalion de Réda Caire, Pierre Feuillère replié à Marseille avec le théâtre du Marais, Marguerite Chabert et la divette Germaine Roger. La partition originale de cette opérette marseillaise qui se déroulait à Cassis, petit port de pêcheurs à 10 km de Marseille, patrie de Calendal, a été écrite par Henri Martinet, inoubliable compositeur du *Petit papa Noël* et le chef d'orchestre, le Toulousain Jeff de Murel, soupirant de Régine Gall, désormais séparée de Georges Sellers, Sarvil assurant la mise en scène.

Sa nouvelle liberté de réalisateur de revue avait d'ailleurs commencé très fort et révélé un trait assez marqué de son tempérament. Excédé par l'odieux Ferdonnet, la voix *off* de l'Allemagne *via* Stuttgart, Sarvil, avec la complicité politique et artistique de Robert Trébor, s'épanche, un peu témérairement il est vrai, dans une revue créée à Nice le 1er janvier 1940 puis présentée le 7 mars de la même sinistre année dans son théâtre fétiche l'Odéon, intitulée ni plus moins *Ta gueule Adolf*, dans laquelle il fera chanter à Marguerite Chabert un couplet parodié sur un air connu (on est dans une revue) *Ça vaut mieux que d'attraper la scarlatine.*

Ça vaut mieux que d'attraper la sœur latine (l'Italie, NDA)
Ça vaut mieux que d'attraper la croix gammée
Ça vaut mieux qu'd'avoir Hitler dans sa cuisine
Et Mussolini dans son buffet…

---

80. *Cf. La Vie intellectuelle et artistique de Marseille à l'époque de Vichy et sous l'Occupation* de J.-M. Giraud, CRDP Marseille, 1987, p. 253.

Et de rire ! Mais surtout la délicate bluette *Si mon cul avait des moustaches* qu'il chantera pendant toute la drôle de guerre, mais pas au-delà, c'était préférable. Cela permettra à Sarvil de faire, *a posteriori*, un trait d'esprit en répétant à qui veut l'entendre qu'il fut le premier résistant de France avant même que la guerre ait commencé. C'était évidemment une boutade, mais à peine, car quelques semaines après cette galéjade tartarinesque, quelques heures après l'« appel » du 17 juin 1940 du maréchal Pétain, Marseille et sa place aux Huiles furent bombardées non par un raid aérien de nos bons « cousins » germains, mais par la chasse de nos cousins latins (issus de germains) qu'étaient les mussoliniens. Ils étaient entrés en guerre contre la ville le 10 du mois de mai. Ironie de l'histoire, c'est le quartier italien qui fut touché. Il y eut 144 morts et 136 blessés[81].

Heureusement, les accords d'armistice avaient empêché les panzers divisions de dépasser Valence ; Marseille fut pour quelque temps encore un des derniers pays des îles d'Or de cette drôle de mascarade. Scotto, qui avait commis en 1917 une chanson *Les boches, c'est comme les rats* et Alibert qui avait contenu les frisés en 1916 au Chemin des Dames où il fut blessé, « remontent » à Paris. Ils y ont leurs intérêts économiques, les théâtres des Variétés et des Deux Ânes.

En province, on va vivre tant bien que mal jusqu'au 11 novembre 1942, où la zone libre ne l'étant plus, la vie de saltimbanques devient impossible en raison du manque d'essence. Sarvil « surpris » en représentation à Agen avec Saint-Granier avec qui il joue sa revue *Humour de France*, va reprendre les tournées de *cagnets* avec les spectacles Trébor et Audiffred chez les *pacoulins*, les seuls qui avaient encore « du manger ».

Lui qui trépignait pendant la drôle de guerre, va enfin pouvoir risquer sa vie... avec le gazogène de la troupe, qui prendra feu sur la route, brûlant décors et costumes. Peu importe, valait mieux en rire, il composera ce refrain :

---

81. La presse n'en a pas parlé.

En montant dans son gazogène
Vous allez tout droit à la mort
Artiste même dans la gêne
Ne signez jamais chez Trébor

C'est donc avec humour et toujours avec des chansons que ces irréductibles itinérants du spectacle agrémentaient leurs dangereux déplacements. Le troc de rutabagas et les douzaines d'œufs échangées contre une représentation entre deux draps de lits en guise de rideau rouge, laisse à penser que notre chansonnier redevenu le voyageur de la commedia dell'arte qu'il n'a jamais cessé d'être, fit contre mauvaise fortune bon cœur. S'il n'y laissa pas la vie, il traversa et quitta cette guerre par la sortie des artistes honorables. S'il fut épargné par les flammes du gazogène, il le fut aussi d'une « collaboration » artistique que connurent bon nombre de vedettes flamboyantes de cette époque trouble.

Mais la vie d'artiste continuait. Il avait tenté de renouer le fil avec M. Henri ; celui-ci avait écrit à René par-delà la ligne de démarcation qui les sépare encore, lui disant qu'il allait « monter » *Au pays du soleil* aux Variétés de Paris, l'informant qu'il ne mettra pas son nom sur l'affiche, gratifié d'un sibyllin : « Je t'expliquerais ! » Nous avons retrouvé une note nerveusement griffonnée, surchargée de points d'exclamations, pour ne pas dire d'exaspération, de la main de Sarvil en regard de l'annonce de la reprise de l'opérette : « Alibert ne veut pas mettre mon nom sur l'affiche !!!! » L'opérette se jouera ainsi à Paris aux Variétés du 18 septembre au 8 décembre 1942[82].

L'explication nous sera donnée trente ans plus tard dans les mémoires de Sarvil. Confondu avec son ami et partenaire de la Lune Rousse, Pierre Dac, dont le patronyme était Isaac, mais surtout une des voix de Londres comme nous l'avons déjà précisé. Ex-chansonnier, Sarvil avait été « dénoncé » comme Juif et franc-maçon, ce qu'il n'était ni l'un ni l'autre,

82. Puis pendant la libération de Paris, avec une interruption lors de la « bataille ».

mais son nom figurait sur une liste d'épuration antisémite dans une exposition raciste. Bien que ceci fût de toute évidence nullement avéré et qu'Alibert le savait, il craignait tout de même que cela nuise à la publicité de la pièce, et surtout, pour se conformer aux exigences de l'occupant, il avait jugé plus prudent de faire l'impasse sur le nom de son encombrant associé.

Occupation pour occupation, autant occuper le terrain ! Après l'invasion de la zone libre fin 42, Sarvil, « réfugié » dans le Vaucluse avec son clan, mais n'ayant plus aucun moyen d'éviter les fridolins qui avaient failli le lyncher en 1922 lors de son occupation de la Ruhr. Il retournera à Paris en 1943 pour jouer deux revues[83] qu'il a écrites et fera la navette avec Marseille jusqu'en 1945. D'autant que sa villa de la promenade de la Plage est fortifiée et squattée par l'organisation TOD, tout comme son pavillon de Suresnes l'était par le commandant du mont Valérien, celui-là même qui a tenu le haut de l'Affiche rouge du réseau Manouchian et fut le tortionnaire du Marseillais Gabriel Péri. À la Libération, en fuite, il fut condamné à mort par contumace par le tribunal de Nuremberg… Il court encore.

Goodbye Adolf
4 décembre 1944

Lorsque la Libération arrive, un certain nombre d'opérettes-revues plus ou moins marseillaises reprennent, mais ce sont quand même des revues à caractère patriotique du genre *Hello Marseille* joué à l'Odéon le 4 décembre 1944 avec Réda Caire, Marguerite Chabert, Monette Louvin et la chanson *Goodbye Adolf* qui, pour clore le chapitre de *Ta gueule Adolf* commencé en 1940, se proposait non sans forfanterie d'aller à Berlin lui couper les moustaches qu'il avait précédemment au c…

83. *Le printemps chante* à l'Alhambra le 23 avril et *Du soleil dans Paris*, le 21 mai.

Mais en ces temps revanchards, il était beaucoup plus risqué d'affronter la critique ; ainsi *Le Patriote*[84] du 22 décembre considère « que d'avoir confié à Réda Caire, ce chanteur efféminé, certaines tirades patriotiques, est à mettre au poteau de l'intelligence. Qu'attend la censure pour interdire ce spectacle, qu'attend l'épuration pour flanquer son pied dans le derrière aux agents de notre décadence ? » Décidément, Juif, franc-maçon et maintenant promoteur de spectacle d'homosexuel décadent, c'est dur la vie d'artiste. Malgré tout, par quelques faits de résistance plutôt passive, mais non sans risques, René avait aidé son ami Robert Trébor – qui lui était de la Grande Loge et véritable agent de renseignements de la Résistance –, à distribuer des tracts et coller des affichettes. Il avait obtenu ainsi du Comité départemental de libération, un ordre de mission daté du 3 octobre 1944, signé du président du MLN[85], et le papillon à croix de Lorraine qui lui permit d'être agent de liaison du mouvement. Il pouvait alors circuler, se rendre à Paris avec un véhicule officiel, une 402 Peugeot. C'est certainement avec elle qu'il a pu se rendre à Lyon pour y faire jouer sa dernière revue *Jeep Jeep Hurrah* sur une partition musicale de Alstone, dernier clin d'œil et remerciements aux Américains qu'il avait « aidés » lors de la bataille de Lauris (Vaucluse) où sa famille s'était réfugiée pendant toute la durée des hostilités. C'est là qu'il a écrit sa pastorale et que sa femme Juliette a vu ses *Anges tombés du ciel* (Prix des alliés, 1946).

Enfin, arrive la der des ders des opérettes marseillaises le 18 mai 1945, huit jours après l'armistice, autant dire que l'on brûlait d'impatience d'y assister et de retrouver nos trois de la Canebière.

---

84. Organe de la presse communiste à Nice.
85. Mouvement de libération nationale.

Le Grand Succès de la Revue
HELLO .. MARSEILLE ! de René SARVIL
(Production Robert TREBOR)
GOOD BYE ADOLF !
ERCÉ
Paroles de René SARVIL
Musique de ALSTONE
crée par
RÉDA CAIRE
Éditions E. ROBERT TREBOR
5. Rue Curiol MARSEILLE
28. Rue de l'Echiquier PARIS
tous droits réservés pour tous pays.

Les GAUCHOS de MARSEILLE

Le Grand Succès d'Opérette du Théâtre des Variétés

LE PETIT BAL DE LA BELLE DE MAI

Crée par

H. ALIBERT & Mireille BARD

Lyrics de
René SARVIL

Musique de
Vincent SCOTTO

ÉDITIONS PAUL BEUSCHER

PARIS — 27, Boulevard Beaumarchais, 27 — PARIS-Bastille

TITRE :	**LES GAUCHOS DE MARSEILLE**
ANNÉE	18 mai 1945
AUTEURS	Musique/V. SCOTTO - Livret/Alibert & R. SARVIL
THÉÂTRE Création Avant-première*	THÉÂTRE DES CÉLESTINS à Lyon Direction : Ch. GANTILLON Régisseur général : Jean HERBERT

CHANSONS :

1/ Bicou du Vieux-Port
2/ Le petit bal de la Belle-de-Mai
3/ Je rêve à Mexico
4/ Parce que je vous aime
5/ La fête à Barcelone
6/ Francesco
7/ Je n'ai que ton amour

ÉDITIONS	SALABERT
LYRICS	René SARVIL

DISTRIBUTION :

Première aux Variétés à Paris. Direction : Max Maurey

Bicou .... ALIBERT
Chichourle .... René SARVIL
Mireille .... Mireille BARD
Spoletta .... CONTEL
Mortel .... Jean MONTRIX
Sourire .... TRETS
Thérèse.................................... Loulou ANNE
Barbara .... Suzy LEROY
Marinette .... Mony CLAUDE

MISE EN SCÈNE	Robert DHERY
ORCHESTRATION	Georges SELLERS
DÉCORS	LANDRIN

* À l'Odéon de Marseille du 16 au 29 octobre 1946.

Les Gauchos de Marseille
1945

Analyse et sociologie

C'est au théâtre des Célestins que l'on fera ce dernier tour de chauffe selon un procédé bien consommé, puis ce sera la véritable première aux Variétés de Paris le 27 octobre 1945. La compagnie essaie de reconduire la formule qui a si bien fonctionné jusqu'alors, mais le conflit mondial a laissé des traces. Opportuniste pour le moins, Maurice Poggi, l'administrateur du théâtre d'Alibert *Les Deux Ânes*, avait programmé dès l'automne 1940 la revue *Ich liebe dich Paris* et affiché sur les panneaux de la façade : *Le personnel et les artistes de cette salle sont aryens*[86]. L'ancien metteur en scène de la compagnie, déjà mis à l'index par le « syndicat » des chansonniers, fera les frais d'une épuration salutaire.

La guerre a dispersé tous les protagonistes de l'épopée, excepté Contel qui rentre d'une captivité de six années qu'il aurait pu éviter s'il n'avait refusé en 1939 l'offre de Sarvil d'intégrer son « théâtre aux armées ».

Cette opérette restera à l'affiche jusqu'en 1947 ; elle sera jouée en tournée à Alger, à l'Odéon de Marseille du 16 au 29 octobre 1946. La mise en scène n'a pas été confiée à un branquignol, enfin presque, car le maître n'est autre qu'un

86. Idem pour les Variétés de Paris.

certain Robert Dhéry. Darcelys remplacera Alibert qui commence à s'essouffler. Le livret est signé Alibert et… ô surprise ! Sarvil, qui figure enfin sur l'affiche comme son *alter ego* dans la livrée de porteur d'une compagnie de navigation. Pour ce dernier, cela signifie la libération de la tutelle de M. Henri, et bien que son rôle de Chichourle (le comique) qu'il a écrit pour lui-même soit celui d'un bagagiste, il n'est plus le porteur de valises de l'entreprise Alibert et Scotto.

Des velléités d'indépendance se font jour puisqu'il signe, le 28 septembre 1945, la revue *Soleil de France,* et le 5 décembre l'opérette *Saint Pistache ou Pistache au pensionnat* avec Gorlett qu'il retrouve dans ce qui, par choix, n'est plus une opérette marseillaise.

L'affiche de Nicolitch[87] pour les *Gangsters* laisse à penser qu'il va désormais faire cavalier seul. On constate, malgré ce que l'on a pu dire, que la pièce obtient un énorme triomphe, et Sarvil se taille la part du lion, celle d'Alibert, ce qui fera dire aux inconditionnels de ce dernier, ses admirateurs, que ce fut un succès mitigé. Les coupures de presse de l'époque et la critique, il est vrai à la sortie d'une époque neurasthénique, avaient toutes les raisons de ne pas bouder leur plaisir… :

« René Sarvil déchaîne les rires sans jamais tomber dans la vulgarité. Son personnage de Chichourle assure à lui seul le succès de la soirée. » Marcel Idzowski, *Libération soir,* octobre 1946.

« Avec *Les Gauchos de Marseille,* René Sarvil est en train de devenir un des premiers comiques du moment. » Paul Barlatier, *Ce Soir,* octobre 1946.

« Des gangsters bons garçons, un voyage à Mexico, des aventures pittoresques et toujours follement amusantes, voilà ce que nous offrent *Les Gauchos de Marseille,* présentés par la grande vedette méridionale René Sarvil. » 1946. Référence presse non précisée.

Sarvil aiment les brigands lorsqu'ils sont tournés en dérision, comme dans toutes ses opérettes ; ils ont cheminé tout au long de son œuvre. Ici, Spoletta, Mortel, Sourire,

87. Grand affichiste des années trente.

un trio d'enfer, vont entraîner nos bagagistes de la gare Saint Charles, Bicou du Vieux-Port et Chichourle à Mexico *via* les *ramblas* de Barcelone.

Certes, les *gauchos* des pampas dont il est question devraient être argentins, mais en matière de comédie on n'est pas trop exigeant, et puis les véritables, ceux de Juan Péron sont vraiment infréquentables et René ne les aime pas... Depuis que l'on préfère les « sombres héros » et les mantilles, la mode est au typique.

À la sortie de ces six années de brigandage international, les grands espaces se sont ouverts et le public réclame un exotisme autre que celui du Midi. Scotto est déjà branché sur les *tempo di habanera* et cette histoire aurait pu s'intituler tout autant *Le Chanteur de Mexico*, le titre était encore disponible car les opérettes à grands spectacles de Mogador n'avaient pas commencé. (La mort de deux des trois protagonistes a laissé le champ libre à d'autres qui ont modernisé et prolongé la recette.)

De plus, sevré de films américains depuis l'Occupation, le public aspire à retrouver *Les Plaines du Far West* ou *Le Gros Bill*.

Voici donc la dernière opérette de la série après six ans de séparation. Le trio va se retrouver pour tenter un *come back* et tester le public, savoir si on ne les a pas oubliés. Apparemment non si on en juge l'engouement des retrouvailles. Mais le monde a changé, nos complices aussi.

Un certain exotisme hispanisant s'est fait jour, résolument tourné vers le nouveau monde, l'ancien est démoralisé, il ne croit plus en lui. Les Italiens se sont mal conduits pendant ces années funestes, c'est la guerre d'Espagne de Malraux qui reste la nostalgie de l'inachevé dans les couches populaires. La voix de l'Amérique a parasité la java des Sanjanenques. Carlos Gardel, l'Argentin de Toulouse, a depuis longtemps fait la pige au tango marseillais d'Alibert, et Glenn Miller fait une rude concurrence à la valse du racati, et au *jass* de Sellers.

Autre changement dans le monde culturel qui va annoncer la fin d'une époque : la création du premier festival d'Avignon en 1947 ; Charlie Parker enregistre *Lover man* avant d'être interné à Camarillo...

En 1946, le génie de Scotto est toujours intact, mais légèrement décalé et pas forcément au bon endroit de la syncope. Sarvil rêve pourtant de Mexico, mais par manque de lucidité il écrit le livret pour Alibert et non pour Luis Mariano, un jeune qui promet. Pourtant, son jeune frère Fred Rober a écrit une chanson pour le Basque encore peu connu *Le Corsaire d'amour*. Après avoir chanté en 1943 à Paris l'*Ave Maria* devant les autorités d'Occupation pour les obsèques de son ami, le voyou collaborateur Carbone, Tino Rossi entonnera en 1946 le *Petit papa Noël* de Raymond Vincy qui chasse aux oubliettes *Le Noël des petits santons* d'Alibert et Sarvil. Pas rancunier, le public lui fera un triomphe.

Nos trois hommes manquent donc le bateau pour le Mexique. Le livret reste sur la réserve ; il est construit à l'économie, de personnages, de moyens, mais surtout d'innovations, de modernité. Alibert est déjà malade du mal qui l'emportera. Sarvil dira qu'au soir de la première, le processus avait déjà commencé.

Cette année-là s'ouvre aussi sur ce qui allait devenir le triomphe de la décennie *Le Chanteur de Mexico.*

Raymond Vincy, l'administrateur général des tournées Alibert, le brillant second de Sarvil, son complice du début va enfin prendre le maillot jaune et ce sera *La Belle de Cadix,* 1947.

Pourtant, nous sommes en partance pour Tampico dans un coin du port de la Joliette au pied du paquebot *Le Mexico*. Un pays où les scorpions sont gros comme des *favouilles* et les araignées velues comme des *esquinades* (1er acte). Encombré de valises, Chichourle, porteur distrait, amoureux de lecture, en oublie les bagages ou plutôt il les mélangent avec ceux de son collègue Bicou du Vieux-Port. Celui-ci a d'autres préoccupations que de transporter à quai les rêves de ses clients.

Par un malheureux hasard d'opérette, ils embrouillent les valises d'une équipe de malfaiteurs et les voilà partis dans une extravagante aventure au bout du monde. Il n'aura pas fallu les pousser beaucoup, comme Marius sur *La Malaisie,* Bicou ne rêve que de s'embarquer… avec sa *bâche* sur l'oreille.

Ce n'est plus une opérette-revue, mais enfin une opérette marseillaise annoncée comme telle. Le genre est cette fois reconnu, Alibert a dû céder devant l'évidence. Par contre, il y a toujours deux actes, mais plus que six tableaux ; c'est René qui finira par faire la mise en scène.

La partition de Vincent Scotto est très enlevée, paso doble et *tempo di habanera* comme il se doit, mais surtout un immense et inoubliable succès *Le Petit bal de la Belle-de-Mai,* une java vache tel que Marseille n'en connaîtra jamais plus ; de quoi faire pâlir de jalousie tous les « Amants de Saint-Jean ».

La formule mise en place, celle de l'origine, sera le duo : soit par économie soit parce que personne ne pourra plus jouer les Gorlett et les Rellys. Cinéma américain oblige, ce sera « Laurel et Hardy », les deux nigauds en Amérique du Sud par les Abbot et Costello[88] de la Canebière, Alibert et Sarvil. Le choix du trio est réservé aux brigands, l'époque des gangsters est révolue, nous allons les retrouver pour la dernière fois.

Les personnages

BICOU : Sorte de gavroche, c'est la définition que donne le dernier livret, et qui s'impose pour tous les personnages du théâtre de Sarvil : Titin, Antonin, Rémy, Toinet, Jean.

CHICHOURLE : Dans le parler de Marseille, c'est le jujube. Le nom savant est digne des meilleures galéjades : c'est un ziziphus de la famille des rhamnacées, dont les vertus émollientes ont fait que cette « friandise » a prudemment disparu de l'alimentation des Marseillais d'après-guerre ; un enfant de Chichourle est un homme de rien. Selon le livret : un

88. Duettistes comiques du cinéma américain des années 1950.

fada, qui n'est pas si fada qu'il n'en a l'air, c'est tout dire. Un auguste qui aurait pris sa revanche.

MIREILLE : 20 ans, une petite Marseillaise comme on en voit dans les opérettes. Le genre a fait école.

BARBARA : 25 ans, une vamp comme on en voit dans les films américains… Eh oui ! c'est l'époque.

THÉRÈSE : 25 ans, vraie Marseillaise, plantureuse, forte en gueule, commune et très sympathique. Archétype, depuis la *Revue marseillaise*. Gerlata durant dix années a merveilleusement composé ce personnage traditionnel.

SPOLETTA : 50 ans, un aventurier de grande classe. Le cycle des voyous se referme. De par son activité nocturne, Sarvil a été amené à connaître toute la pègre du Marseille de la nuit. Sa femme Juliette travaille à cette époque dans un cabaret près de la Canebière, tout de glaces et de dorures, un vrai Versailles qui appartient à un certain Antoine Guérini, le nouveau parrain ; sa sensibilité de gauche lui fait-elle préférer les truands « romantiques pour fait de résistance », toujours est-il que celui-là, dont il n'a eu qu'à se louer (pas vendu) lui est sympathique. Il le prendra pour son dernier modèle de voyou.

MORTEL : 1er gorille de Spoletta.
SOURIRE : 2e gorille de Spoletta.
Deux porte-flingues insignifiants.

FRANCESCO LE BORGNE : Un grand chef de la pègre outre-Atlantique. Ultime personnage de la dernière opérette, curieusement il nous ramène au départ de l'aventure. Il éclaire à lui seul la débordante imagination de René Sarvil, observateur et acteur de la vie marseillaise. Francesco[89] c'est l'italianisation du prénom de son premier voyou dans *Au*

89. A donné le diminutif de « quéco » synonyme de voleur, image des Génois dans les chansons de Victor Gélu. Se dit aujourd'hui *cacou* !

pays du soleil, Francis, le Kid de Marseille. Le Borgne, c'est Sabiani, le leader des ligues fascistes dans l'épisode des *Gangsters du château d'If*. Nous sommes en 1945-1946, ces individus qui se sont honteusement compromis dans la collaboration avec les Allemands sont en fuite. Marseille ne les aime plus.

D'ailleurs, la pièce commence avec le meurtre et la disparition de Francesco le Borgne noyé au large des Goudes ; dans le scénario, il s'est réfugié en Amérique du Sud, comme le vrai dont Carlo Rim disait pour s'en moquer : « Sabiani, c'est Doriot avec l'accent de Fernandel » en beaucoup moins drôle (*NDA*), ce *gaucho* de Marseille, c'est à la fois Spirito, Carbone et Sabiani vilipendés dans un même personnage triple. René/Chichourle/Franchesco l'interprète.

Comme dans les opérettes, fussent-elles marseillaises, tout finit bien et par des chansons, la morale sera sauve, nous n'entendrons plus jamais parler de ces voyous à Marseille… Deux mourront dans leurs lits après un bref exil… en Amérique du Sud[90].

La réalité a toujours été beaucoup plus forte que la fiction du théâtre marseillais de Sarvil.

L'épopée des opérettes se termine à Marseille, le genre mort-né dès son éclosion et condamné d'avance par les chroniques d'une mort annoncée, a tout de même fait rire plusieurs générations de spectateurs, et duré presque vingt années.

La disparition prématurée d'Alibert des « suites d'un accident d'automobile » en 1951 – en réalité d'une maladie professionnelle de l'époque, rançon d'une gloire de séducteur excessif –, suivie de celle de son beau-père Vincent l'année suivante, qui n'a pu supporter le départ de son beau-fils bien-aimé, refermera définitivement le livre de cette rencontre exceptionnelle de complémentarités et de talents conjugués. Le trio magique a vécu et avec lui les opérettes marseillaises.

---

90. Carbone est mort dans un accident ferroviaire provoqué par la Résistance en 1943.

MARSEILLE
MES AMOURS
de la joyeuse opérette
MARSEILLE MES AMOURS
de AUDIFFRED, MARC CAB, TUTELIER & G. SELLERS
Les succès de l'opérette
1 ÇA FAIT BOUM
valse
2 LA RUMBA DES ROSES
rumba
3 LA PETOULETTE
chanson nouvelle ?!!!
4 UNE VOIX D'ARGENTINE
tango
5 MARSEILLE MES AMOURS
fox-trot
6 UN REGARD DE FEMME
slow-fox
7 AVEC UN CIEL PAREIL
fox-trot
8 C'EST LE PRINTEMPS
fox-trot
Harcourt
EDITIONS PAUL BEUSCHER · PARIS

TITRE :	# MARSEILLE MES AMOURS
ANNÉE	13 octobre 1938
AUTEURS	Musique/G. SELLERS - Livret/Marc Cab, Tutelier & Audiffred
THÉÂTRE Création	THÉÂTRE DE L'ODÉON à Marseille Direction : J. MARTEL

CHANSONS :

1/ Ça fait boum dans mon cœur
2/ La rumba des roses
3/ La Pétoulette
4/ Une voix argentine
5/ Marseille mes amours
6/ Un regard de femme
7/ Avec un ciel pareil
8/ C'est le printemps

ÉDITIONS	Paul BEUSCHER - Paris
LYRICS	Marc CAB, TUTELIER & AUDIFFRED

DISTRIBUTION :

Pétoulet .... GORLETT
Nini .... Mireille PONSARD
André .... LEMERCIER
Don Gonzales .... H. HENRI
Maître Pastèque .... H. GERRAR
Tante Anna .... BAZIN
Tante Zoé .... Mado FRANCK
Tignasse le gendarme .... DANIEL

MISE EN SCÈNE	Louis BLANCHE des Folies-Bergère
ORCHESTRATION	Georges SELLERS
DÉCORS	Roger & Durand GOYARD

Les opérettes marseillaises de substitution
Une histoire de famille, copie qu'on forme
1936-1950

Il serait injuste et intellectuellement malhonnête « d'oublier » qu'il y eut d'autres opérettes que l'on a aussi appelé par mimétisme et par confusion, marseillaises. Lorsque précédemment nous avons évoqué la défection de Gorlett, c'est bien parce qu'il est sollicité par la concurrence. Devant la déferlante du genre marseillais, des gens de talent vont exploiter le créneau. Sarvil dira dans ses mémoires, non sans amertume, que ce n'était pas à proprement parler une gêne. Nous pouvons aisément l'admettre car les salles étaient pleines, et un artisan fut-il artiste, est limité à sa seule expression scénique. Aujourd'hui avec les comédies musicales, l'impact eut été différent, l'on aurait monté plusieurs troupes et exploité la veine dans le monde entier.

En 1936, l'imprésario Audiffred, ex-chanteur qui va épouser la chanteuse vedette de *Un de la Canebière*, Mireille Ponsard, demande à Marc Cab et à Tutelier d'écrire avec lui et pour elle des « opérettes marseillaises ». Afin que l'on sache bien que cela en était une, ce dont apparemment il n'était pas sûr, pour mieux entretenir la confusion, la première s'intitulera *Au soleil de Marseille* de Geo Koger pour les lyrics, et Georges Sellers pour la musique, bien que l'action se situe pour moitié en Belgique, Les Jeunes du Prado et le jazz de « l'accordéoniste » Henri Martinet, feront couleur locale.

D'ailleurs, toutes les productions qui vont suivre utiliseront le nom de Marseille dans leur titre. Ce que n'a pas eu besoin de faire le trio Scotto–Alibert–Sarvil, puisque c'était l'essence même de leurs spectacles.

Ayant « dévoyé » le comique et la vedette féminine, il ne restait plus qu'à trouver un Vincent Scotto de rechange, et qui mieux que le chef d'orchestre et accordéoniste de la compagnie d'Alibert pouvait convenir. Georges Sellers, sous-utilisé malgré son talent, va écrire la partition. Ce sera la plus belle réussite de cette « duplication sauvage », qui fera de Sellers le meilleur compositeur après Scotto.

Curieusement, le passage à « l'ennemi » du musicien chef d'orchestre ne sera pas ressenti comme une trahison, puisqu'il restera au pupitre de direction jusqu'à la fin de l'aventure Alibert. Est-il nécessaire de rappeler qu'il était aussi le « beau-frère » de Sarvil. Bon nombre de spectacles auraient été déstabilisés pour moins que cela. Bien au contraire, malgré la confusion pour le public, cela a contribué à affirmer le genre.

Par comparaison, les observateurs se rendaient compte qu'il y en avait de meilleures que d'autres, *Un de la Canebière* étant au sommet du hit-parade, *Les Gangsters du château d'If* allaient démarrer très fort, *Au soleil de Marseille* aurait fort à faire.

Ainsi le couple Audiffred-Ponsard doit clôturer sa distribution. Alibert n'étant pas encore disponible, et pour cause, il fallut songer à un jeune premier, le meilleur qui soit, si possible. Ce sera un non Marseillais, Albert Préjean. Pour la version cinématographique, le choix s'est porté sur la plus grande vedette de l'époque, le Alain Delon d'avant-guerre : Henri Garat. Vedette incontestée en 1930 avec sa chanson *Avoir un bon copain*, c'était plutôt un acteur de cinéma et il venait d'essuyer un revers en 1935 au théâtre des Variétés de Max Maurey avec l'opérette *Florestant 1er*, pourtant écrite par Sacha Guitry sur des lyrics d'Albert Willemetz où il y chantait : « Amusez-vous ». Pas tant que cela puisque la salle était vide et les représentations furent abrégées ; cela précipita sans doute la chute de la maison Maurey.

Il faut dire que notre trio, les rois de la recette, sévissait alors avec *Un de la Canebière*. Ils étaient les leaders des succès parisiens depuis trois ans, et ce malgré Georges Van Paris et Philipe Parés, les spécialistes des opérettes parisiennes de la décennie, ou les critiques désabusées et perfides de Jean Wiener, talentueux pianiste mais infructueux compositeur d'opérette.

En 1937, les protagonistes s'engagent dans un *mano à mano*. Sellers écrit la partition de *Ma belle Marseillaise* sur un livret de Marc Cab, Audiffred, Tutelier, qui partira avec un nouveau jeune premier, Guy Berry. C'est un petit chef-d'œuvre, mais malgré un Gorlett/Pétoulet et pétulant, le livret n'est pas à la hauteur et Alibert est encore indispensable ; ironie de l'histoire, lorsqu'il sera fâché avec Sarvil, pas bégueule, il enregistrera le 29 février 1940 les chansons *Mireille, Bonjour l'amour* et l'air vedette *Ma belle Marseillaise*. Il réalise à l'occasion un des nombreux actes de « résistance » du music-hall français lorsqu'à la fin du refrain il reprend à la cantonade une vibrante *Marseillaise*, qui laisse à penser que les beaux jours vont revenir, c'était prématuré.

Hélas, un mois plus tard le calvaire va commencer, cela ne l'empêchera pas de se mettre en mai 1940 à l'affiche de son théâtre des Variétés dans l'opérette de son concurrent, signant lui aussi l'armistice et pour la cause se rabibochant avec Audiffred qui avait tenté de le dépouiller précédemment. Alors qu'il aurait pu enfin écrire seul un livret, il va utiliser celui de la concurrence !

Malgré ou grâce à cela, Mireille Ponsard a laissé un superbe enregistrement Pathé de deux titres accompagnée par Henri Martinet et... Les Jeunes du Prado.

Toujours cette même année 1937 est créée *Rose de Marseille*, une opérette-revue, en réalité c'est une revue, avec Andrée Turcy et la tournée Turcy-Garnier (son mari) sur un livret de Varna-Marc Cab et une nouvelle musique de Sellers.

Enfin, voilà peut-être la meilleure en 1938, *Marseille mes amours* de Marc Cab, Audiffred, Tutelier et Sellers, avec

Lemercier, Gorlett et même Félio, le renégat qui fournira les casquettes qu'il avait dû reprendre à Alibert.

Le plagiat est ici manifeste, s'y retrouveront tous les ingrédients qui ont fait le succès de Sarvil : la tante travestie, la fête des oranges, les arènes... joyeuses. C'est la copie conforme à l'image des opérettes marseillaises que l'on veut imiter. Elle clôturera, le 13 octobre 1938 à l'Odéon de Marseille, le cycle des productions d'avant-guerre et sera exploitée pendant quelques années jusqu'à l'extinction du genre. Pendant les hostilités, à la guerre comme à la guerre, il y aura bien *Le Port du soleil* enregistré par Alibert en 1941, et dont seuls les collectionneurs de « cire » possèdent encore les traces et les deux faces d'Alibert *La Chanson du soleil* et *Ma pitchounette*[91].

Toujours est-il que ce beau monde à l'air de s'accommoder fort bien de ces « cocufiages d'opérettes » qui ne sont en réalité que des galéjades propres à stimuler la concurrence. Car le spectacle est une grande famille : par nécessité d'abord, puis par mimétisme et culture ensuite, enfin par amour.

Les opérettes marseillaises sont une véritable histoire de famille. Elles sont nées, nous l'avons vu, des liens culturels de ces deux fraternités que sont les Latins de Provence et d'Italie. Ainsi que des liens familiaux qui unirent Scotto et Alibert à qui il aurait donné sa fille au cours d'une mémorable partie de boules.

Nous savons qu'il existe des sagas d'artistes, les Guitry, les Sined, les Sardou, les Vilbert, nous le savons parce que leurs noms ont fait florès, et qu'ils étaient d'une exceptionnelle pérennité, mais il existait aussi au sein des troupes, des liens familiaux, matrimoniaux ou affectifs.

En 1929, les spectacles de cabaret de Sarvil étaient constitués de tous les membres de son clan, les Crescenzo et les Clinchart dont la belle-mère qui tenait le tiroir-caisse, tout comme le fera Nénette Alibert pour la *Revue marseillaise*.

---

81. Elles ont été rééditées sous l'égide d'André Bernard, mémoire vivante, historien du spectacle et collectionneur de toute cette aventure.

Loulou Darty accompagna Rellys, son époux, Marthe Marty était la sœur aînée de Jenny Helia, Marguett Villy avait fait engager Vilor son frère, et Raymond Vincy son mari était régisseur des tournées Alibert, quand il ne mettait pas la main à la plume. Paquita Sol était la femme de Pierre Dac et Lou Villard la fille du célèbre Georges Villard, premier parolier de Vincent Scotto, auteur du *Navigatore*. Sarvil a confié bon nombre de rôles à son jeune frère Fred Rober, et sa sœur Régine fut de toutes les fêtes.

Au sujet de cette concurrence loyale, une question s'impose : Avec tous ces gens de talent et les moyens mis en œuvre, Pagnol[92] étant paraît-il le producteur de l'affaire, comment se fait-il qu'ils n'aient pas raflé le marché ? Ils avaient tout, sauf peut-être les clefs (de sol, d'ut et de fa) de la formule magique des livrets et des mélodies… celles que possédaient Sarvil et Scotto.

Que dire de tout ceci sinon du bien, puisque cela aura contribué à faire aimer et connaître Marseille.

---

82. Dans ses mémoires, René Crescenzo raconte qu'en 1932, Pagnol lui avait proposé d'écrire ensemble une opérette, mais les exigences artistiques et financières de Sarvil firent capoter le projet.

Le jazz marseillais de Sellers

Quand la rencontre du jazz et de la java donnent des couleurs aux opérettes marseillaises

En 1918, la Marseillaise Gaby Delys et son partenaire Henry Pilcer dansent à Marseille dans une revue parisienne: *Laisse-les tomber*. Il y a sur la scène l'American Jazz Band.

La mode américaine ne date pourtant que de l'arrivée des Sammy en 1917. Certes, on aurait pu déceler dans le répertoire du caf' conc des traces d'américanisme que Fragson avait déjà exploitées, les danses syncopées avaient déjà investi les programmes. *L'American cireur* et ses claquettes avaient remplacé le Cake Walk de 1900, qui n'avait rien à voir avec le swing que l'on a souvent confondu avec le rythme. Le swing du jazz américain (pléonasme) est à la musique classique (re-pléonasme, à l'époque il n'en existe qu'une seule) ce que l'accent est au Théâtre-Français, inadéquat. Sauf à dire que le « swing » va assez vite être perçu par nombre de musiciens comme un apport culturel valorisant, au même titre que l'accent étranger. Ainsi lorsque débarque en 1925 la *Revue nègre* aux Folies-Bergère, avec cette belle Américaine (pas trop noire) pas encore recouverte de phalliques bananes et répondant à l'impérial prénom de Joséphine, nombre de musiciens n'ont pas été dépaysés. Par contre, par la façon de mouvoir son corps, d'articuler les phrases, le grand public qui accède alors à une autre sensualité, sera interpellé lorsqu'elle deviendra la vedette des Folies.

De surcroît, il y a dans l'orchestre, sur scène, à la mode américaine (Alibert retiendra la formule) un saxophoniste du nom bien français de Bechet (Sydney) qui se fait déjà remarquer. Outre qu'il a une curieuse manière d'enchaîner les notes, il est doté d'un caractère irascible qui l'incite à régler les problèmes de mesures à coup de revolver.

En France, il n'y a quasiment aucun chanteur qui soupçonne même que l'on puisse roucouler autre chose que des « pommades » à voix sirupeuse. Bach (celui de Lavergne[93]) et d'autres chantaient accompagnés par un jazz-band, mais seul Maurice Chevalier nous démontrera qu'il possédait déjà naturellement ce petit « vice ».

Alibert n'a pas trop compris en quoi cela consistait, mais la première chanson qu'il enregistre en 1921 sera *Il y a du jazz-band partout*.

Sarvil écrira bien en 1923 *J'aime le black bottom* pour le Marseillais au nom « exotique » de William Brown, mais ce sera plus par effet de mode que par véritable culte de la syncope.

Scotto est un guitariste napolitain, et à ce titre, s'inscrit dans un tout autre registre. Les Méditerranéens mettent plutôt l'accent sur la romance et utilisent des suites harmoniques délicates mais sans surprises. L'archétype du *latin lover* et de l'anti-swing sera Tino Rossi, son plus brillant interprète.

L'accordéon est l'instrument-roi des opérettes marseillaises, et pour l'heure celui-ci swingue comme un fer à repasser. Mais dans les bals parisiens des barrières, le piano à bretelles a rencontré les manouches des faubourgs, et l'instrument a été « frelaté » par les accords renversés et renversants des gens du voyage. De leur rencontre avec ces autres migrants que sont les accordéonistes italiens très nombreux dans le métier, vont naître des « balletti swing » comme celui du *racati*[94] à la Belle-de-Mai.

---

93. Duettiste comique troupier du café-concert, auteur de *Madame la marquise*.

84. Guinguette dont parle déjà Victor Gélu en 1840.

Un jour sur le port
Prenant son essor
Naquit plein d'entrain
Un nouveau refrain
C'est le racati
Qu'un piacampi[95]
Apporta chez nous
Qui sait d'où ?[96]

Celui qui est à l'origine de cette synthèse est le mythique Guerino « musico », Zingaro italien de la porte d'Italie à Paris. Il fut le maître de toute une génération d'accordéonistes musette comme Fredo Gardoni qui fit débuter son voisin de roulotte, porte de Clignancourt, le manouche Django Reinhart.

Marseille qui n'est jamais en reste, a fourni avec Médar Ferrero, un Italien de service qui lisait les partitions, et Sellers sortant du Conservatoire de Marseille, un bon exemple d'intégration culturelle malgré tout.

Il y avait dans les années trente à Paris, rue Faubourg-du-Temple, un bal musette chez… Marius où Django se mêlait quelquefois à l'orchestre ; la filiation des influences semble naturelle. Les « modernes » de l'époque, ce sont les « accordéoneux », rôles que jouent les guitaristes aujourd'hui. Les femmes en pincent pour les « petits boutons de nacre » et Sarvil aura comme premier collaborateur suivi, son beau-frère Juel[97] (Gallaud de La Ciotat, accompagnateur de la môme Piaf), tantôt java, tantôt musette, mais la valse marseillaise à petits pas commence à avoir un peu la bougeotte. Cela permettra à René d'étendre sur ses portées des paroles qui se balanceront, comme le linge que l'on fait sécher aux fenêtres dans le Midi.

Enfin ce sera la rencontre avec Georges Sellers, déjà accompagnateur d'Alibert, et qui sera le meilleur chef qui

95. Terme péjoratif pour désigner les Italiens.

96. Paroles de la chanson *Youpi ou La Valse du racati,* tirées de l'opérette *Les Gangsters du château d'If*.

97. Auteur du *Lycée Papillon*.

soit pour le néo-genre marseillais qui allait naître. Il faut dire que M. Henri a le nez creux, il sent bien le vent, initié sans doute par son précédent soutien musical qui n'était autre que le fringant Fredo Gardoni, accordéoniste fétiche du carnaval de Nice 1925. Celui-ci faisait partie de ces « phénomènes de foire », modèle archétype d'un accordéon jazz automate à son effigie, « musico » excentrique de la porte de Saint-Ouen-les puces, dont le diatonique trafiqué par un accordage et un jeu spécial qui sonnait moderne, a influencé toute une génération de pianistes à bretelles.

Mais aussi depuis peu, les formations françaises ont rencontré les arrangements des chefs étrangers, l'Anglais Jack Hilton et surtout ceux de l'Américain Paul Whitman (1925).

Ainsi le ver est dans le fruit, et le virus, comme le phylloxéra le fit sur le vignoble national, mine la musique tricolore ; la greffe américaine va sauver l'originalité et l'honneur de quelques musiciens et orchestres français. Cela ne va pas laisser insensible les artistes marseillais qui fourniront à la musique de nombreux pianistes de jazz de qualité.

Alibert qui est un excellent manager, très ouvert et opportuniste, possède avec les frères Sellers (Bébert le pianiste et Georges l'accordéoniste) deux excellents vecteurs pour ses spectacles. Bien que Georges ne swingue pas vraiment en tant qu'interprète, son frère le fait, et ses orchestrations auront des accents et des couleurs américaines de bon aloi. Ce sera le « jazz marseillais » certes, expression largement survalorisée pour le genre, le « jass » comme l'on dit à Marseille est identifié en gros à tout ce qui fait du bruit. Un peu comme aujourd'hui, la musique « tendance » casse les oreilles aux nostalgiques de Réda Caire.

Nous ne pouvons pas vraiment dire que la musique des opérettes marseillaises swingue, ah ça non ! Cela n'est d'ailleurs pas ce qu'on lui demande. Mais le jazz marseillais a hérité de cette verve et cette décontraction jazzy. Porté par le courant « contestataire de l'identité culturelle régionale », il va rompre avec l'image traditionnelle des formations de cordes, des « garçons de café en pingouins, dans les culs de basse fosse » comme au XVIIIe siècle quand les anches remplacèrent les cordes.

Reprenant à l'inverse l'image du jazz français de l'époque, « Un jazz sans tambour ni trompettes », il va au contraire inclure dans ses formations des « souffleurs » en chemisettes sport qu'il installe sur la scène à l'américaine, qui joueront quelquefois dans la salle, allant même jusqu'à raccompagner les spectateurs dans la rue. Ils vont ainsi s'engager dans de généreuses orchestrations à la Ray Ventura.

Ce sera une des novations importantes, et pour une part, c'est cette ambiance Vel d'Hiv[98] qui contribuera au succès des opérettes marseillaises et à son immense retentissement populaire. Cela les placera malheureusement dans une perspective qui les éloignera des reconnaissances marquées du sceau de la respectabilité que l'on accorde aux opérettes du répertoire lyrique.

Ainsi donc, Georges Sellers fut à l'origine de ce phénomène. De son vrai nom Germain Blanc (1907-1987), il est un authentique Marseillais au centre d'une lignée de musiciens dont l'ancêtre Sylvestre Blanc, son grand-père, facteur de son état et musicien à ses heures, avait composé une chanson célèbre *Tes yeux*. Originaire de l'Estaque, cette famille porte en elle les racines de ce qui fut la sphère artistique du Marseille populaire du XIXe siècle, le quartier de Marius Bibal (neveu d'Etienne l'auteur de *Lo cabanon* en 1840) et de Léopold Turcon. Véritable arsenal des « galères » de la Fine Lance Estaquéenne[99], c'est le pays des célèbres « chichis frégis » et la cité qui vit la dernière revue véritablement autochtone *Vengue de pies en* 1930.

Georges était un chef d'orchestre de tout premier ordre. S'il a été l'accompagnateur d'Alibert et l'arrangeur de Scotto, il fit aussi des musiques de films notamment pour Pagnol[100]. Mais sa véritable capacité ne fut reconnue que

98. Vélodrome d'hiver où avaient lieu les « 6 jours de Paris », fameuse course cycliste.

99. Écurie de joutes provençales.

100. Georges Sellers dirige *La Symphonie provençale* de Vincent Scotto pour le film *Angèle*.

lorsqu'il travailla pour la concurrence. Sous-utilisé par Alibert, occulté par le génie de Scotto, il ne donna la pleine mesure de son talent que lorsque Audiffred fit appel à lui.

Si nous en jugeons par les compositions qui ont illustré ces spectacles, nous ne pouvons que partager l'avis de Pierre Echinard[101] qui constate que la qualité musicale des opérettes concurrentes (celles de Sellers) les a fait confondre avec celles de Scotto.

Outre les frères Sellers, l'ossature du jazz marseillais était composée de Vincent Castiglione (neveu de Scotto), Bauzanquet, Descamps et Cavillet.

---

101. *Cf. Dictionnaire des Marseillais*, Académie de Marseille, Edisud, 2002.

Final

Autopsie des opérettes marseillaises, un genre qui aurait mauvais genre

Les opérettes marseillaises n'ont pas choisi de naître pendant l'entre-deux-guerres, elles se sont imposées par la force des choses, au moment où le flux du café-concert venait mourir sur les rivages du music-hall que la marée du show business allait emporter.

1. Le temps de l'histoire d'abord :

Nés sur un volcan qui n'était pas le Vésuve de ses auteurs, les feux de la rampe de l'opérette ne pouvaient pas rivaliser avec ceux qu'allumèrent le krach de Wall Street de 1929 et le hold-up de Yalta en 1946. Le coup mortel lui fut assené par les accords de Munich (1938) qui ont renvoyé les protagonistes quelque six années plus tard, le temps de voir se consumer les meilleures années de leur vie d'artistes.

2. Le temps des hommes :

Notre trio qui arrive à maturité pour créer le genre, fort de son expérience personnelle, n'a certes pas sa vie derrière lui. Ces artistes sont de l'ancienne génération, celle du café-concert, celle que la vie et le cours des choses poussent à ne pas flâner en chemin. Ayant gaspillé un temps précieux, leur œuvre non encore achevée, deux des trois protagonistes disparaîtront au début des années cinquante, laissant le troisième, Sarvil, orphelin et désœuvré.

3. Le temps de la modernité :

Ces opérettes qui se sont déjà développées sur un genre finissant dont le déclin s'était amorcé dès la fin du

XIXe siècle, naissent quand le cinéma muet se meurt. Elles ne peuvent le remplacer parce que le parlant prend la relève.

4. Enfin la rentabilité économique des entreprises de spectacle, le changement de goût, et en final la concurrence des activités culturelles subventionnées[102] feront que l'entreprise ne sera plus viable. On aurait pu croire à la sortie de la guerre que l'on pouvait relancer l'activité[103]. Malgré les succès et les recettes, Robert Trébor y a laissé sa sérénité, son argent, l'Alcazar et finalement sa vie. Pourtant les salles étaient combles et l'enthousiasme intact. Tous les vieux Marseillais parlent des opérettes marseillaises avec les yeux remplis de nostalgie, et ceux qui ne les ont pas vues rapportent les paroles de leurs parents avec émotion comme relevant d'un temps définitivement enfui. Pour tout cela, elles resteront le reflet d'une belle aventure qui aura sa place dans la légende de Marseille.

On a beaucoup critiqué les opérettes marseillaises pour « leurs qualités artistiques » voire leurs niaiseries, ce qui est injuste et malveillant pour les cultures populaires.

Bon nombre de Marseillais ne se sont pas reconnus dans cette évocation d'un monde finissant, exubérant ou d'unc société qui se donne à voir dans ses travers. Pour les uns, c'est ce qui a fait son succès, pour les autres c'est ce qui a provoqué son rejet.

Certains Marseillais respectables, aujourd'hui respectés et qui ont toutes les raisons de l'être, ont occulté et refusé cet héritage culturel dont ils avaient eu tant de mal à se défaire. Pourtant, l'ascension sociale terminée, l'installation définitive établie, ils vont pouvoir enfin se pencher sur la culture de leur origine et l'accueillir comme telle. Ils pourront même témoigner que les critiques d'immoralité qui ont été formulés à l'encontre de l'opérette marseillaise étaient largement injustifiées, tout simplement parce que l'on était dans le second degré de la galéjade traditionnelle.

102. Les subventions étaient données aux spectaclex déficitaires, ceux que le public n'honorait pas de sa présence.

103. Les principales opérettes furent reprises à l'Alcazar de Marseille entre 1951 et 1963.

S'il y a des voyous dans les scénarios, c'est qu'ils étaient une des composantes de la société qui est décrite à partir d'une réalité, le Marseille des années trente ; si elle ne nous est pas agréable, elle n'en est pas moins historiquement exacte. Nous retiendrons que l'apologie de ces « bras cassés » était loin de leur être favorable.

L'immoralité des bourgeois du Second Empire qui entretiennent des maîtresses et qui dilapident en une nuit « Tout ce que là-bas il a volé » (air du Brésilien de *La Vie parisienne* d'Offenbach), n'a jamais remis en cause les fondements du théâtre lyrique. Si dans le théâtre de nos trois de la Canebière il y a des prostituées (qui sont autant de *gamines charmantes*[104]), elles le sont au grand cœur (*Au pays du soleil*).

Quant à la « débrouillardise » si décriée des Marseillais, elle n'est que le décalage adaptatif d'une population portuaire qui a du faire face à tout un ensemble de fléaux qu'ont déposé sur ses rivages, les soubresauts de l'antiquité méditerranéenne.

Ceci leur a permis de développer un fort sens de la dérision et une étonnante vitalité artistique que l'on va retrouver de nos jours au travers de groupes tels que Quartier Nord, Massalia Sound System ou les rappeurs du groupe IAM, et même une nouvelle génération de façonniers d'opérettes ou de comédies musicales qui ne demandent qu'à être entendus.

Si l'art est une accumulation de sens dans une culture donnée, les opérettes marseillaises peuvent être considérées comme une expression artistique de toute première importance. Pour le spectateur, il y a conjonction de divers courants, mémoriaux, affectifs, identitaires qui font sens, et l'émotion qui n'est pas illusion est réelle. Ce qui pour un observateur extérieur à cette culture pourrait être perçu comme insignifiant et vulgaire, devient alors la manifestation authentique de celle-ci, initiale et populaire au sens de l'identité du petit peuple méridional. Il n'y a confusion

104. *Cf. Phi-Phi*, opérette parisienne de Christiné et Willemetz, les 11 et 12 novembre 1918.

de sens que pour celui qui est étranger à cette proximité ou qui la rejette.

On ne peut espérer d'une communauté qui vit dans la rudesse et la précarité (nous sommes dans le premier tiers du XXe siècle) qu'elle produise de la délicatesse. Le raffinement vestimentaire des Arlésiennes reflète la douceur de vivre d'une certaine catégorie sociale ; les lourds tabliers de boutis et la langue des poissonnières marseillaises sont porteurs d'autres significations.

La Provence n'est l'Atlantide que pour le félibrige. Pour le paysan méridional de Giono et Pagnol, c'est un pays où les pierres poussent plus facilement que les coucourdes, brûlées par un soleil dessicateur et que les vents empêchent de ramasser.

En fait, ce que donne à voir ce théâtre citadin, c'est le monde laborieux de Victor Gélu et G. Bénédit, transposé un siècle plus tard à des fins comiques. La Provence des opérettes marseillaises, c'est surtout celle des pêcheurs de Méditerranée, les *pescadous de la marsiale*, ceux qui affrontent la rafale, et à Marseille elle est souvent violente ! Si elle ne tue pas toujours, elle épuise, agace souvent, et appauvrit en permanence.

Si nous voulons bien porter sans nostalgie un regard bienveillant sur ce phénomène sociologique qu'a été le théâtre musical chanté à Marseille, nous percevrons tout l'intérêt que représente le corpus des opérettes marseillaises comme témoignage sur la société d'une époque savoureuse et authentique. Celle d'un certain art de vivre, de la Provence de nos ascendants, qui a permis que se constitue le Marseille que nous aimons et qui a rayonné un temps sur le spectacle français par son enthousiasme, son humour et sa générosité.

Marseille qui crie trop fort, qui crie trop foot. Marseille qui chantait la joie de vivre d'exister et d'être différente, puisse-t-elle reconnaître enfin ses opérettes comme partie intégrante du patrimoine culturel provençal.

Rideau

Annexes

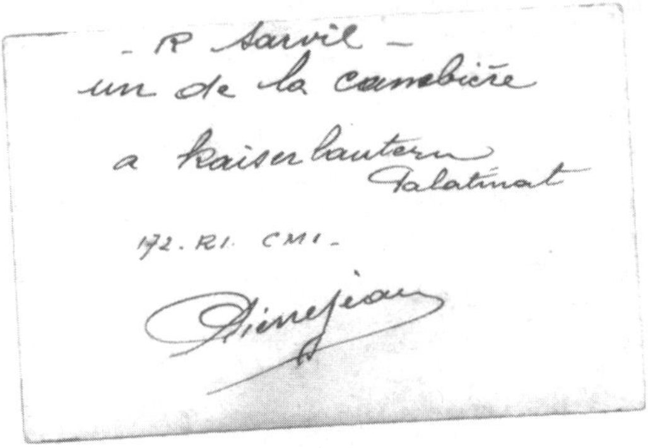

Sarvil soldat surnommé « Un de la Canebière »,
pendant l'occupation de la Rhénanie en 1922.

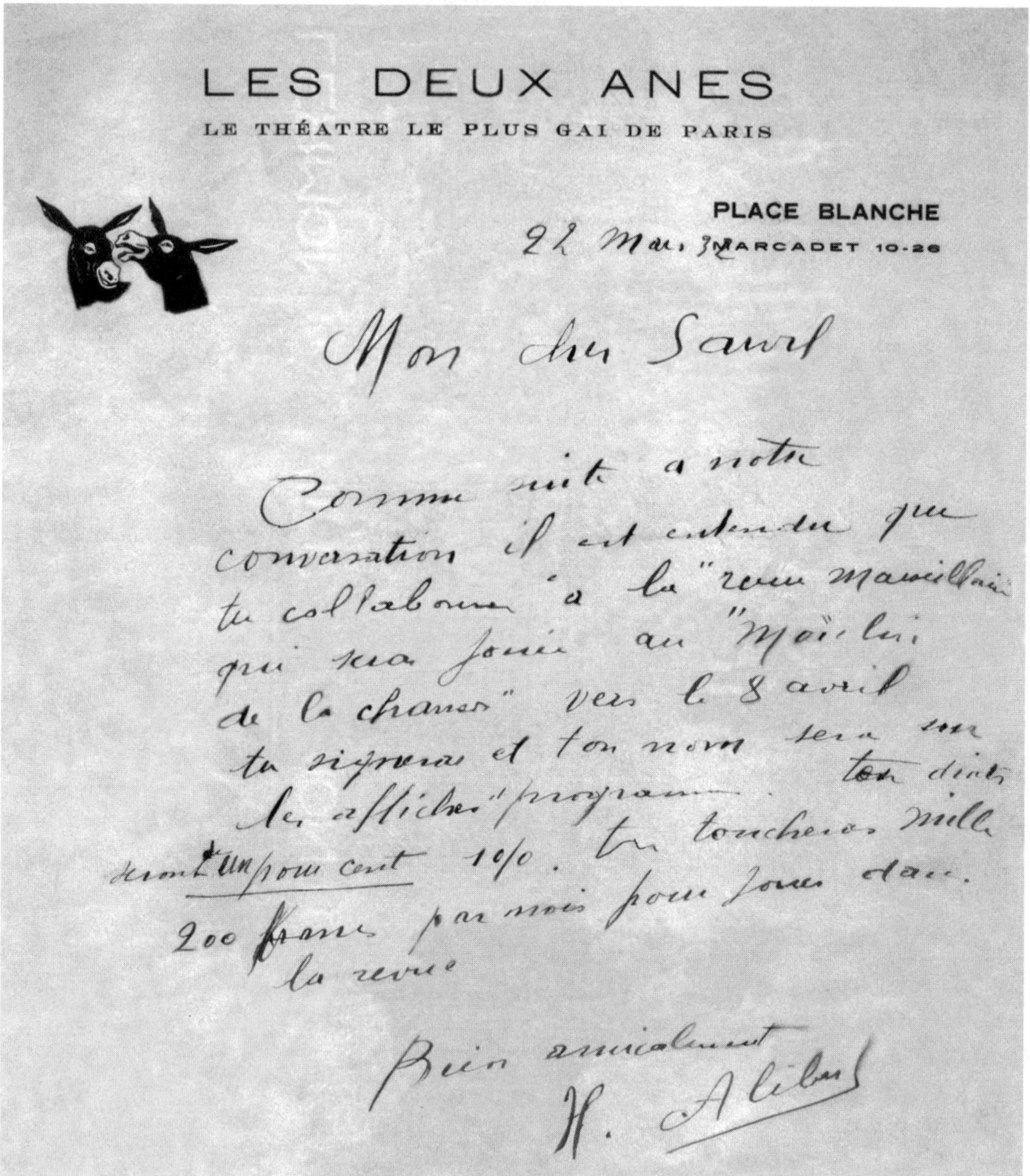

LES DEUX ANES

LE THÉATRE LE PLUS GAI DE PARIS

PLACE BLANCHE

22 Mars 32 MARCADET 10-26

Mon cher Sarvil

Comme suite à notre conversation il est entendu que tu collaboreras à la "revue marseillaise" qui sera jouée au "Moulin de la chanson" vers le 8 avril tu signeras et ton nom sera sur les affiches et programmes. tes droits : un pour cent 1 %. Tu toucheras mille 200 francs par mois pour jouer dans la revue

Bien amicalement

H. Alibert

Engagement de Sarvil par Alibert pour écrire la *Revue marseillaise*.

LES DEUX ANES

LE THÉATRE LE PLUS GAI DE PARIS

PLACE BLANCHE

MARCADET 10-26

Vichy le 10 Août 1933

Mon Cher Sarvil,

J'ai bien reçu ton projet d'opérette. J'ai également en mains le scénario qui m'a été proposé pour une opérette sur la Marine.

Ce que tu me soumets présente au point de vue comique plus d'interêt que le scénario que j'ai mais je crains que la formule prise telle que fasse un peu trop "opérette" et ne puisse pas bénéficier au point de vue commercial d'un lancement comme celui que j'envisage pour une pièce que nous pourrions appeler LA REVUE DES MATELOTS, comme nous avions la REVUE MARSEILLAISE.

Certains des clous de ton scénario peuvent être je pense heureusement utilisés, les Régates, le Camp des Nudistes entr'autres. Je me demande donc si nous ne pourrions pas essayer de marier les deux idées pour essayer par une bonne collaboration, d'obtenir le but que nous poursuivons. Si tu acceptais une combinaison de ce genre cela me permettrait de te réserver une part plus importante que celle que l'on pourrait envisager pour une simple collaboration à un scénario déjà établi. Dis moi ce que tu en penses et je me procurerai s'il y a lieu un double du scénario que j'ai reçu, pour te l'adresser et te permettre de me dire comment tu envisagerais ce mariage des deux idées. Je procèderai de la même façon vis à vis de mes autres collaborateurs de façon à conserver ensuite le meilleur de chaque idée. Ecris moi par retour S.T.P.

AU PAYS DU SOLEIL. Il se pourrait qu'à un moment donné nous ayions besoin de présenter l'opérette avec DEUX ENTR'ACTES, dans les casinos, par exemmle. Pour ne pas être pris au dépourvu il faudrait penser à cela dès maintenant. Dis moi de quelle façon tu verrais cet arrangement. J'y réfléchis de mon côté. Il faudrait sans doute ajouter une ou deux petites scènes et l'on tacherait d'utiliser pour cela les décors que nous avions à Paris et que je fais refaire comme le Vieux Port que je reprends sous sa forme primitive de la Rue Fortia.

Je t'adresse mes sincères salutations.
et mes amitiés H. Alibert

H. ALIBERT

P.S. Vu Mr Eygrenier qui doit me faire courrier par retour. Je te courrierai aussitôt.

Alibert propose une revue de matelots et refuse à Sarvil le genre opérette.

22, RUE ALIBERT. Xe
TÉLÉPHONE NORD 26-40

Mon cher Sarvil,

Comme suite à notre conversation il reste entendu que tu m'apporteras ta collaboration complète tant au point de vue du livret que pour les lyrics au sujet de la nouvelle opérette que je commence et qui aura pour titre "La Revue des Matelots".

Tu te mettras immédiatement au travail.

Comme convenu tu signeras un bulletin pour 1,50 % sur le total fixé de 12 %. En outre je te ristournerai 1/2 % pour te couvrir de certains frais que tu pourrais avoir à supporter pendant la période de travail.

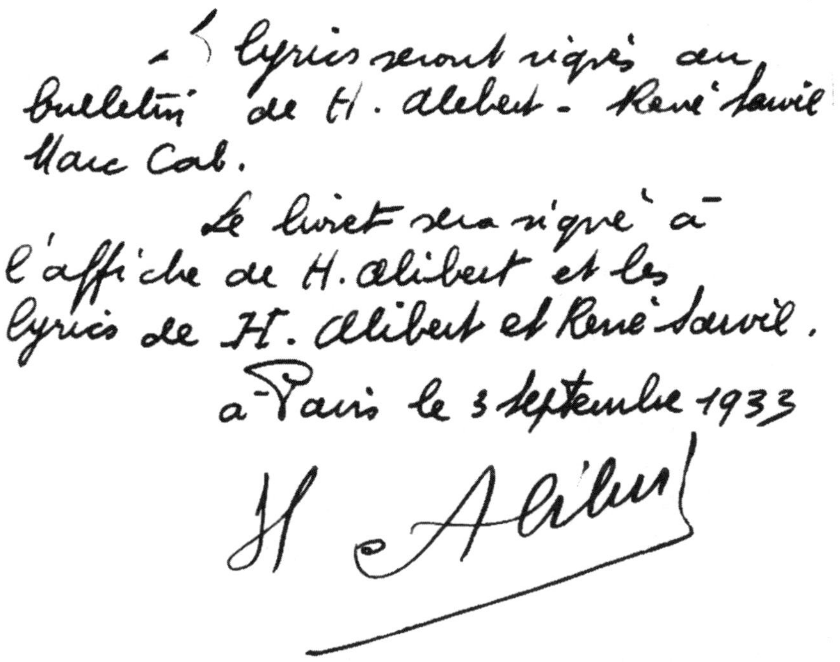

Les lyrics seront signés au bulletin de H. Alibert - René Sarvil Marc Cab.

Le livret sera signé à l'affiche de H. Alibert et les lyrics de H. Alibert et René Sarvil.

à Paris le 3 septembre 1933

H Alibert

Commande du livret de *Trois de la marine* par Alibert à Sarvil, preuve que ce dernier est bien le père des opérettes marseillaises.

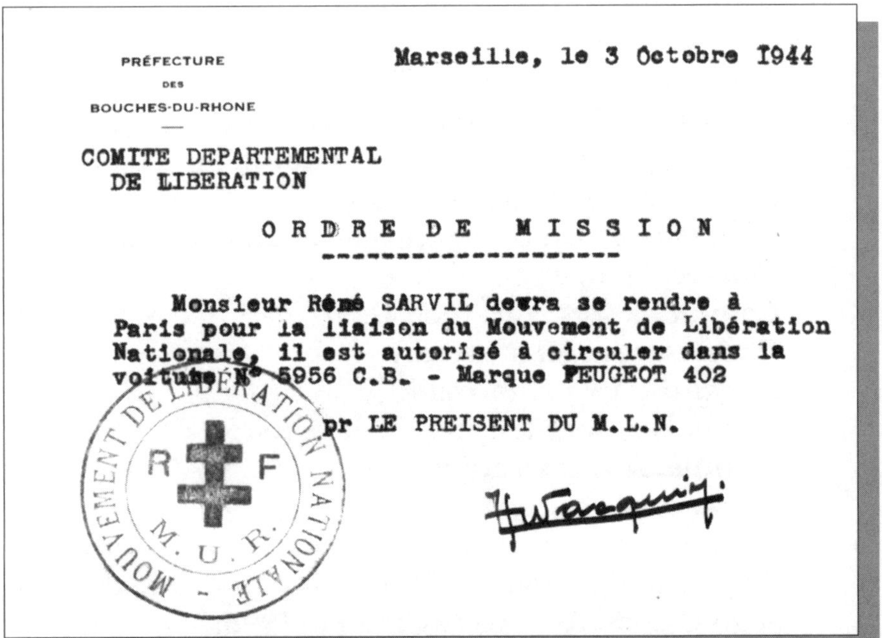

PRÉFECTURE
DES
BOUCHES-DU-RHONE

Marseille, le 3 Octobre 1944

COMITE DEPARTEMENTAL
DE LIBERATION

ORDRE DE MISSION

Monsieur Rémé SARVIL devra se rendre à Paris pour la liaison du Mouvement de Libération Nationale, il est autorisé à circuler dans la voiture N° 5956 C.B. - Marque PEUGEOT 402

pr LE PREISENT DU M.L.N.

Lexique

Ouvrage de référence : *Lou pichot tresor* de Xavier de Fourvières, Aubanel éditeur, 1975.

À l'agachon : technique de chasse, à l'affût.
Aïet : ail, chapelet de têtes d'ail.
Aigo boulido : eau bouillie, soupe claire.
Alors tè vè : Tiens, vois !
Avoir du manger : provençalisme, avoir à manger.
Bâche : casquette.
Balletti : bal de quartier à Marseille.
Bazarette : femme bavarde, commère, partisane, marchande de 4 saisons.
Boulègue : remue, frétille.
Boutis : tissu matelassé, s'apparentant à la broderie avec des reliefs délicatement dessinés et rembourrés.
Bras cassés : incapable et fainéant.
Brefounié : d'origine grecque, qui signifie mauvais temps pour la pêche ; l'orage.
Bugadière : lavandière.
Cagnart : soleil intense.
Cagnet : déclinaison d'une expression provençale, marauder comme les chiens, pour la pitance.
Cagoinces : lieux d'aisances.
Cancanière : Du provençal cacan dame de la halle.
Chasper : palper, tâter.
Coquin de sort : oh ! mon Dieu !
Emmasquer : jeter un sort.
Engambi : une embrouille.
Espincher : lorgner, être aux aguets.
Esquinades : gros crabes.
Estranciné : bouleversé.
Fai lusi : fait briller. Du provençal *enlusi*, illuminé de plaisir. *Cf. Érotisme et sexualité en Provence,* Jean-Claude Rey, Autres Temps, 1996.

Favouilles : petits crabes.
Flaquine : veste.
Franciot et *francimand* : un étranger à la Provence qui parle français et aussi un Provençal qui affecte de parler français et le fait ridiculement.
Francitan : mélange de deux idiomes.
Ils brilleraient tous deux comme des étrons dans une lanterne : briller d'un petit feu minable.
Li sian mail lou trin di San-Giniez : Il est encore là.
Maï regarda l'ou la coua li boulègo : double sens érotique pour « Regarde, la queue frétille ! »
Milaganti : du verbe aganter, attraper.
Nervi : petit voyou.
Oh qué li fa co : Qu'est-ce que vous faites ?
Pacoulin : paysan.
Parpelleger : ciller des paupières rapidement.
Pèbre : poivre.
Pécaïre : ô peuchère ! le pôvre.
Pieds tanques : de *pé* : pied et *tanco* : pieu pour fixer quelque chose, d'où jouer à la pétanque.
Quelqu'un qui s'en croye : qui a des prétentions.
S'estoufade : s'étouffe.
S'estrassait : vient d'estrasse, chiffon, se chiffonner de rire.
Se monter le cou : se gonfler d'orgueil.
Sian propre lei sordas : On est dans de beaux draps.
Trin : bal populaire sur les places en Provence.
Trobaïres : groupe de chanteurs occitans.
Y a du pét : il y a de l'électricité dans l'air.

À l'affiche
Spectacle en deux actes et dix tableaux

Imprimé en France
sur les presses de
HORIZON
GROUPE
13420 Gémenos

pour le compte des éditions
Autres Temps
Parc d'activités de la Plaine de Jouques
200, avenue de Coulins
13420 Gémenos

Dépôt légal : avril 2005
ISBN : 2-84521-210-0
ISSN : 1164-5881

nº d'impression : 0504-060